"至善"课堂研究

曾东槐　蒋坚城　编著

中国致公出版社

图书在版编目（CIP）数据

"至善"课堂研究 / 曾东槐，蒋坚城编著. —北京：
中国致公出版社，2021
ISBN 978-7-5145-1078-2

Ⅰ. ①至… Ⅱ. ①曾… ②蒋… Ⅲ. ①课堂教学－教
学研究－小学 Ⅳ. ①G622.421

中国版本图书馆CIP数据核字(2021)第148775号

"至善"课堂研究 / 曾东槐，蒋坚城编著
ZHISHAN KETANG YANJIU

出　　版	中国致公出版社	
	（北京市朝阳区八里庄西里 100 号住邦 2000 大厦 1 号楼西区 21 层）	
出　　品	北京言之凿文化发展有限公司	
	（北京市昌平区超前路 35 号）	
发　　行	中国致公出版社（010-66121708）	
作品企划	三名书系	
责任编辑	胡梦怡	
责任校对	魏志军	
封面设计	言之凿	
内文设计	李　娜	
印　　刷	北京政采印刷服务有限公司	
版　　次	2022年4月第1版	
印　　次	2022年4月第1次印刷	
开　　本	787mm×1092mm　1/16	
印　　张	10.75	
字　　数	194千字	
书　　号	ISBN 978-7-5145-1078-2	
定　　价	45.00元	

编 委 会

前 言
FOREWORD

　　课程改革二十年以来，我国基础教育改革取得了显著成效，教学观念不断更新，课堂教学改革的成果也精彩纷呈。然而，我们不得不正视这样一些问题：学生的主体地位如何有效增强，教师的主导力量如何有效发挥，师生教学相长、和谐发展的愿景如何实现；灌输式、填鸭式的教学方式少了，但形式化、程序化的课堂教学模式多了；教师的理论知识丰富了、学生的自主学习能力提高了，课堂教学的价值导向和评价如何更有效……在提高课堂的"智慧含金量"这个问题上，课堂教学改革依然任重道远。解决课改中出现的新问题，以适应新时代发展的需要，建设个性化、多元化、充满生命活力的高质量课堂教学，是每个基础教育工作者不可推卸的责任。

　　新安翻身小学自2014年改制以来，带领全体师生秉承"培育善良本性，促进人格健全，发展多元智能，师生协调发展"的办学理念，坚持走内涵发展之路，以特色育人，提升学校办学品位。我们继承了十四年民办教育的积淀，立足于政策前沿、理论前沿和实践前沿，在习近平新时代中国特色社会主义思想的指导下，深入贯彻和落实党的教育方针政策，广泛、深入学习新的教育教学理念和其他学校教育教学改革的先进经验，并从中国传统文化经典《大学》中汲取智慧，以"大学之道，在明明德，在亲民，在止于至善"之"至善"作为探索课堂改革的核心理念，着力打造"以德为先、以能为重、以学为中心、师生和谐发展"的"至善"课堂。

　　这些年，翻身人在探索"至善"课堂方面通过不懈的努力做出了积极的探索。教师们校外取经收获满满，专家们进校指导硕果累累；观课议课，教师们畅所欲言，碰撞出智慧的火花；在不断的反思探究中孕育着"至善"课堂文化的种子。这本书记录和见证了我们一路实践探索的历程，也许它还很稚嫩，但它凝聚了我们的不懈努力，汇聚了我们翻身人对教育执着的追求和对孩子们真诚的爱。全书共分为三个部分。第一部分是我们对"至善"课堂理论上的宏观探索，第二部分是学科专题理论与实践的思考，第三部分是学科专题的具体实践成果——教学案例展示。

　　回首来路，总结过往，虽然我们在"至善"课堂方面做出了不懈的努力，但还需在实践探索中不断深化和完善；我们把"至善"课堂的实践和探索作为对课堂改革的思考编撰成书，旨在抛砖引玉，既希望引起广大同人思考，也恳请同人给予我们宝贵建议。

蒋坚城

目 录
CONTENTS

上 篇　理论篇

中 篇　探索篇

下 篇　实践篇

理论篇

上篇

"至善"课堂：助推学校课堂教学改革的新引擎

蒋坚城

新安翻身小学是由原国有民办学校——翻身实验学校成功转制的公立小学，是一所拥有十四年民办教育积淀，而后又重新启航的新学校。近年来，我们就如何继往开来、走内涵发展之路、以特色育人、提升学校品位，进行了多方面的有益思考与探索：剖析学校情况，构建"善本"教育理念体系，打造"至善"课堂，让"善"文化深入人心，引领师生行动，培养健康、和谐、全面发展的社会主义建设者和接班人，整体、快速提升我校教育教学质量。

一、"至善"课堂促进学校内涵发展

进入新时代，学校已由外延式发展走向内涵式发展。学校的发展，不是靠高楼大厦，也不是靠先进的设备设施，而是靠它内在的精气神。这种内在的精气神，就是一种适应社会发展需要、适应教育发展规律的教育理念及其个性鲜明、成果卓著的教育教学实践。新安翻身小学的"至善"课堂，凝聚了中国古代的教育智慧、当代先进教育教学理论及翻身人勤勉实践的成果。

（一）打造"至善"课堂是落实立德树人根本任务的要求

2014年，教育部颁发了《关于全面深化课程改革　落实立德树人根本任务的意见》（以下简称《意见》）。《意见》指出：经济全球化深入发展，信息网络技术突飞猛进，各种思想文化交流、交融、交锋更加频繁，学生成长环境发生了深刻变化。青少年学生思想意识更加自主，价值追求更加多样，个性特点更加鲜明。国际竞争日趋激烈，人才强国战略深入实施，时代和社会发展需要进一步提高国民的综合素质，培养创新人才。这些变化和需求对人才培养提出了新的更高要求。"至善"源于中国儒家经典《大学》：

"大学之道，在明明德，在亲民，在止于至善。""止于至善"，是一种以优秀、完美为核心要义的至高境界的追求，从教育的角度而言，就是追求成为"真、善、美"的人。在这里，"真、善、美"并不是抽象的，而是在每个历史时代具有具体而丰富的内涵。习近平总书记说，古今中外，关于教育和办学，思想流派繁多，理论观点各异，但在教育必须培养社会发展所需要的人这一点上是有共识的。培养社会发展所需要的人，具体说，就是培养社会发展、知识积累、文化传承、国家存续、制度运行所要求的人。所以，古今中外，每个国家都是按照自己的政治要求来培养人的，我国的社会主义教育就是要培养社会主义建设者和接班人。新安翻身小学的"至善"课堂秉承"培育善良本性，促进人格健全，发展多元智能，师生协调发展"的办学理念，丰富了"至善"的内涵，使"至善"的时代特点更加鲜明，即努力培养德、智、体、美、劳全面发展的社会主义建设者和接班人。

（二）打造"至善"课堂，是顺应师生共同成长的内在需要

学校应当成为师生共同成长的摇篮。课堂是培养人才最重要的形式，是师生共同成长的主阵地，是学校教育的主战场；课堂一端连接学生，另一端连接着民族的未来，教育改革只有进入课堂的层面，才真正进入了深水区、进入了攻坚战。那么我们需要什么样的课堂呢？无疑，从结果来论，能培养和谐发展的人才，能培养德、智、体、美、劳全面发展的社会主义建设者和接班人的课堂就是好课堂；从过程来论，教师善教，学生乐学，师生和谐相处、平等对话、教学相长的课堂就是好课堂。"至善"课堂就是一个师生和谐互动、追求德业完美的过程。课堂要立足于"立德树人"，实现"传道、授业、解惑"的基本功能。"至善"课堂既是学生在教师帮助、引导、激励下不断完善的"修德"过程，也是教师在教中学习、自我完善的"修德"过程。应注意的是，在新时期，教师应该修的是具有社会主义核心价值观的"德"，师生的"完善"就是努力追求成为一个具有社会主义思想和品德、闪烁着社会主义核心价值观光辉的当代中国人。所以，"至善"课堂还是一种和谐教育，是在沟通与对话中师生共同发展的课堂。是"两代人"各自凭借经验、用各自独特的精神表现方式，在教学过程中通过心灵的对接、意见的交换、思想的碰撞、合作的探究，实现知识的共同拥有与德行的全面发展。基于这样的理念，课堂不再单纯是教师唱独角戏的舞台，也不再是学生们张开口袋等待灌输的知识回收站，而是生机勃勃、气象万千的生命活动的广阔天地——这是师生对话、生生对话的"学习共同体"，更是师生与理想、与环境共同发展的"生命共同体"。正如雅斯贝尔斯所说："教育的本质意味着，一棵树摇动另一棵树，一朵云推动另一朵云，一个灵魂唤醒另一个灵魂。"这也正是新安翻身小学打造"至善"课堂的真正意义。

二、"至善"课堂助推教学深度变革

课堂始终是"善本"教育的主阵地。一方面，从建立新型的师生关系入手，逐步形成互动、民主、平等、和谐、友善的课堂文化；另一方面，学校加大课堂教学改革的力度，提倡教师不断改进课堂教学的形式和手段，使学生的学与教师的教更为和谐、高效。

（一）遵循课堂教学的四个原则

教学原则是人们对教学活动本质性特点和内在规律性认识的反映，是指导教学工作有效进行的指导性原理和行为准则。教学原则在教学活动中的正确和灵活运用，对提高教学质量和教学效率发挥着一种重要的保障性作用。"至善"课堂的实施不仅要遵循一般的教学原则，还必须遵循如下四条重要原则。

（1）民主化原则：虽然教师和学生在教育活动中的职责和任务不同，但他们是平等的。教师应当一视同仁，公正平等地对待每一个学生，尊重、宽容和接纳每一个学生，为学生提供一个宽松、民主的学习环境，使学生充分展示自我，发展自我，最大限度地发挥思维和能力。

（2）主体性原则：一切教育活动都要引导学生主动探索、积极思考、自觉参与、自主实践，还学生以主体地位，给学生以平等机会，使学生自主、活泼地发展自我。

（3）个性化原则：注重学生的个性差别，根据学生的个性特点和其接受教育的独特方式而采取相应的教育目标、内容和方法，因材施教，充分认识和发掘每一个学生的潜能。

（4）情感性原则：教师要把学生视为朋友、亲人，以诚相待、以情相待、以友相待，热爱每一个学生，全面了解认识学生的思想、情感和个性，做到如陶行知先生所说的"真教育是心心相印的活动，唯独从心里发出来的，才能达到心的深处"。

（二）构建课堂教学"五善五环五自主"

学为主体、学思结合的"至善"课堂的基本内涵是学生的五项能力、学习的五个步骤、课堂的五个状态和教师的五个技能，即促使学生形成五项能力——善思、善学、善言、善究、善行（以下简称"五善"），实施学习的五个步骤——学生预习与教师导学、学生合作与教师参与、学生展示与教师激励、学生质疑与教师引导、学生实践与教师评价（以下简称"五环"），教师引导学生在课堂上进行五个环节的学习——自主观察、自主探究、自主合作、自主发展、自主评价（以下简称"五自主"）。教师也要做到"五善"——善启、善帮、善激、善导、善评。这种"五善五环五自主"的"至善"课堂教学模式立足于新课程改革"自主、合作、探究"的学习方式，强化学生思维品质和学习能力的培养，其核心理念在于把课堂还给学生，学为主体、学思结合。

（三）实现小组合作学习五个优化

课程标准明确提出要倡导"自主、合作、探究"的学习方式，小组合作学习是自主学习的提升，是探究性学习的基本形式，也是"至善"课堂最核心的内容，蕴含着平等、和谐、分享、对话等"至善"课堂所追求的目标和理念。要提高小组合作学习的效果，实现教学最优化，必须做到以下几点：

（1）学习目标要准确、有层次。

（2）注意情境设置。

（3）问题设置要围绕知识点（重点、难点）展开。

（4）合作学习的要求、任务、规则、目标要清晰、明确。

（5）展示内容既要有结论也要有问题。

（四）挖掘班级文化六大功能

班级是中小学课堂教学的基本组织，营造优良的班级文化，不仅有助于发展学生的自主学习能力，提高教育教学效率，而且是促进学生德、智、体、美、劳全面发展的有效途径。因此我们要充分发挥班级文化的六大功能。

（1）通过研学、综合性学习、社会实践、班会、运动会等多种途径培育全班学生对班级的认同感。

（2）通过班旗、班歌、班徽等软文化建设增强班级系统的稳定性。文化是一种班级黏合剂，它通过为全班学生提供言行举止的标准，而把整个班级聚合起来。

（3）制定班级日常管理公约，使全班学生养成不仅仅注重自我利益，更能考虑到班级利益的思维习惯。

（4）制定班级学习公约，养成班级良好的学习习惯。"和谐高效"课堂是开放式课堂，而开放式课堂的难点是课堂的控制，课堂控制的关键就是有效的规则和习惯。从听、说、读、写、问、答、坐、立、行到讨论、探究、对学、归纳、总结、展示、评价都要有规则要求和习惯养成，规则要求和习惯养成的物化表现就是口令、口号、歌谣、制度等形式。

（5）建立班级荣誉体系，激发全班学生自主发展的激情。

（6）强化班级硬文化建设，着眼于作为班级学习生活场所的教室，营造一个干净、明亮、整齐、优美、温馨的学习环境，培养学生讲文明、讲卫生、讲道德、讲礼貌、爱劳动、爱学习、爱思考的良好品质。

三、"至善"课堂引领师生自主成长

新安翻身小学"至善"课堂是落实"善"文化的主阵地。在"至善"课堂中，学生们争当善思、善学、善言、善究、善行的"五善学生"；教师则追求做善启、善帮、善激、善导、善评的"五善教师"。"至善"课堂得到了全体师生的认同和欢迎，因为它翻转了传统教学模式。在翻身小学课堂教学改革的这片沃土上，师生的教与学正发生着显著的变化。

（一）教师的变化

（1）教师的角色变了，由主演变导演；由讲解者变组织探究者；由知识传授者变指导生成者；由裁判变教练和陪练；由权威者变学习益友；由情感训导者变情感共鸣者。

（2）教师的行为变了，因材施教，面向全体；激励赏识，鼓励自主自信；巧妙导学，促进主动发展；民主开放，激发合作探究；和谐氛围，实现幸福体验；灵活开放，评价科学有效。

（二）学生的变化

（1）学生的学习变了，变得想学、能学、乐学了。在"至善"课堂上，每个学生都成了学习的主人，虽然他们的想法可能还很幼稚，虽然他们的智力还有待发展，但他们在教师的"善教"引导之下，逐步懂得了为什么要学，明白了应该学什么，探究着应该怎样去学；在"至善"课堂上，每一个小组成员都有学习任务，学生上台分享"自学、自究、自教、自悟"的成

果，全班共享学习成果；在"至善"课堂上，学生不再是被动的接受者，不再是机械的模仿者，他们是问题的探究者、思想的批判者、知识的创造者，学生收获的是从未经历的、全新的变化。

（2）学生的品行变了，变得更加阳光大方了，热爱集体、乐于助人等优秀品质正在慢慢养成。在"至善"课堂上，教师不再为维持纪律而大动肝火，不再为学生"心不在焉"而大费周章，学生成为学习生活的自我管理者。在"至善"课堂外，是师生亲切交谈的温馨画面，是学生之间互帮互学的动人情景；学生成了和善校园里的美容师，科技园里的探索者，图书室里的思考者……"至善"课堂，使校园美了，学生更美了！

自学校开展"至善"课堂教学改革以来，师生参加各级各类比赛成果丰硕。据统计，教师获区级以上教学奖励238项，学生获区级以上奖励532项。"至善"课堂喜结硕果，块块奖牌光彩照人。

"至善"课堂仅是学校"善本"教育的一部分，"善本"教育涵盖了学校工作的方方面面。学校是一方善爱交织的沃土，是一片和谐浸润的乐园。在今后的工作中，我们将继续以"善"为基点，丰富"善"的内涵，在"善"的修行道路上不断努力，把新安翻身小学打造成为师生快乐成长的幸福家园。

构建"至善"课堂，提升核心素养

曾东槐

在"培育善良本性，促进人格健全，发展多元智能，师生协调发展"的"善本"教育办学理念指引下，我校立足课堂，构建和谐互动的"至善"课堂。一方面，从建立新型的师生关系入手，逐步形成互动、民主、平等、和谐、友善的课堂文化；另一方面，学校加大课堂教学改革的力度，提倡教师不断改进课堂教学的形式和手段，使学生的学与教师的教更为和谐、高效。

"至善"语出《礼记·大学》，"大学之道，在明明德，在亲民，在止于至善"。"止于至善"指的是达到极完美的境界。"至善"课堂主要体现自主、合作、参与、和谐、高效五个要素，这是我们对课堂达到至美至善的目标。

一、"至善"课堂核心理念

（一）"至善"师生观：成于精勤，止于至善

培养"至善"师生，通过多种方式锻造教师的教育智慧，提升学生的综合素养。努力培养精于专业、精于教学、勤于思考、勤于研究的教师，精于实践、精于行动、勤于学习、勤于动手的学生。师生在课堂上力求做到"五善"。

学生"五善"：善思、善学、善言、善究、善行。

教师"五善"：善启、善帮、善激、善导、善评。

要求在教与学的过程中，教师善教，学生善学，师生友善和谐。

（二）"至善"课堂观：和而不同，止于至善

"至善"课堂以学生的全面和谐、主动发展为中心，充分发挥教师的主导作用，体现学生的主体地位。在课堂教学中以问题为主线，以活动为主轴，师生互动，生生互动，师生成为"学习共同体"。课堂的基本环节有五个：

①学生预习与教师导学；②学生合作与教师参与；③学生展示与教师激励；④学生质疑与教师引导；⑤学生实践与教师评价。

和而不同，美美与共，"至善"课堂的基本环节依据核心理念展开，在充分体现自主、合作、参与、和谐、高效的基础上，针对不同的课型、学习对象，教师可以灵活选择和创新教学环节。

（三）"至善"发展观：个性发展，止于至善

"至善"是永无止境的追求。我们追求的是在"至善"课堂中为学生全面发展打基础，以学生为本，尊重学生的主体性，发展学生的自主性、能动性、创造性。培养既有主体性，又有个性特长的时代新人。

二、"至善"课堂理论基础

（一）主体教育理论

"至善"课堂提倡以学生为主体，主体性的实质是人的一种内在精神，它能使人产生一种内在动力，主体性强的人会把这种内在动力变成一种内驱力，使之成为一种自觉能动的行为。"至善"课堂要求在教育教学过程中，学生作为认识的主体，在教师指导下有目的地去获取知识，发展社会适应性。学生认识的主体性，一方面表现为学生对外部信息的能动选择上，主要受学生本人兴趣、需要以及所接受教育的外部要求的推动和支配，表现为自觉性、选择性；另一方面表现为学生对外部信息的内部加工上，受学生原有知识经验、思维方式、情感意志、价值观等制约，表现为独立性、创造性，而学生作为认识主体，其实际活动则决定着认识的起点、范围、程度水平和个性差异。

（二）多元智能教育理论

多元智能教育理论认为，大脑是智能的特质载体，人的智能是多元的，但有长有短；智慧的潜能是丰富的，但有大有小。真正的教育应该是正视差异、善待差异。"至善"课堂以培养多元智能为重要目标，以培养创新精神和实践能力为重点，树立人人都能成功的学生观，树立多元多维的评价观。

（三）教学做合一

陶行知先生说过："教学做是一件事，不是三件事。我们要在做上教，在做上学。"任何教育活动都是教学做合一的统一过程，其实质是理论联系实际，教育联系生活实践，学以致用。"至善"课堂提倡在做中教，有的放

矢，因材施教；在做中学，激发兴趣，提倡自学；以做为中心，手脑并用，注重实践。

三、"至善"课堂基本教学结构

（一）学生预习与教师导学

预习是一种良好的学习习惯，它能培养学生的自学习惯和自学能力，有效提高学生独立思考问题的能力。"至善"课堂注重学生预习，给学生充分预习的时间，激发学生自觉学习、提前思考的主观能动性，教师需要引导学生自学，提出预习的具体要求。此环节要求学生善思，教师善启。

（二）学生合作与教师参与

合作学习是培养学生主动探究、团结合作、勇于创新精神的重要途径。它可以充分发挥师生间、生生间的相互交流、协作功能，培养学生的合作意识、团队精神。"至善"课堂积极倡导自主、合作、探究的学习方式，让学生由被动变为主动，把个人自学、小组交流、全班讨论、教师指点等有机地结合起来，进而促使小组之间合作、竞争，激发学习热情，挖掘个体学习潜能，增大信息量，使学生在对学、群学中互补促进，共同提高。此环节要求学生善学，教师善帮。

（三）学生展示与教师激励

展示即发表，展示即提升，展示即暴露，展示即创造，展示即成长。只有让学生展示，才能真正满足学生的好奇心、表现欲，才能增强学生的自尊心、荣誉感。"至善"课堂以展示激发学生的学习动力，让学生在参与中得到发展，在展示中获得进步。学生展示可以通过语言、表演、板书、演示等多种方式进行。此环节要求学生善言，教师善激。

（四）学生质疑与教师引导

"学贵有疑，小疑则小进，大疑则大进。疑者，觉悟之机也，一番觉悟，一番长进。"有疑有惑，便出现了"心求通而未得之意""口欲言而未能之貌"的情形。这说明生疑、发问很重要。"至善"课堂提倡学生在展示分享后，及时质疑问难，生生互动，当学生不能很好释疑时，教师适时引导，追求课堂的深度学习。此环节要求学生善究，教师善导。

（五）学生实践与教师评价

"知乃行之始，行乃知所归"，学习的最终目的是运用知识解决实际问题。"至善"课堂提倡灵活、多样的实践体验，可以是当堂的达标检测、自主编题练习、课后生活运用等，将所学新知运用到实际中去，教师及时对学生的实践进行有效评价。此环节要求学生善行，教师善评。

四、"至善"课堂探索路径

（一）制度提供保障力

（1）学校全力支持教师开展课改实验。设专项经费大力保障课改工作的开展，购买相关的理论书籍，定期组织教师听课学习等。在硬件方面也是全面支持，如购买适合合作学习的桌椅、黑板，功能室安装录播系统等。

（2）分步实施课改实验。第一学年开设实验班，从三到六年级每个年级各选两个班作为实验对象开展课改实验；第二学年全面铺开，分五步走：课堂实践观摩学习，理论常规强化训练，分步骤推进，过关练兵达标检查以及总结提炼适合本校"至善"课堂教学的理念、模式、方法。

（3）校领导、行政人员跟踪进教室听课。学期初听随堂课，学期中开展研究课探讨，学期末听汇报课。

（二）理念激发生命力

在学校举办的第三周教师例会上，校长为教师们做了题为"新课改下的课堂教学"的演讲，分析了传统教学模式下无法解决的问题，如学生参与面，学习的积极性、主体性，合作探究思维能力的培养等，以及课改的意义与必要性。

（三）研讨激发驱动力

实验之初，学校邀请专家对教师们进行理论培训和实践指导。分批次将实验班教师送到课改实验做得扎实有效的地区交流、学习。在推进课改过程中，学校以教研组为单位，多次开展"至善课堂理念"和"教学结构"研讨活动，并结合学校办学理念完善、发展"模式"，用"模式"补充、诠释理念。

（四）历练激发鲜活力

改革之初，学校名师先行试验，及时总结经验，为推广做准备。个别班级实践之后，让实验班名师为全校教师开展引领课，全面铺开实验之后，定期开展过关达标课验收工作。在"至善"课堂达标活动中，我们用"模式"规范教师的教学行为。要求新教师要用"模式"上课，有经验的教师要用"模式"但不唯"模式"，引导教师们从最初的"临帖""入帖"，再到

"出帖"，逐步形成各具特色的教学风格。

（五）反思激发创造力

（1）备课组、学科组开展反思交流会。各备课组、学科组围绕"至善"课堂的理论及实践方法，以不同的形式进行全方位的研讨交流。

（2）教师、分管领导梳理总结课改模式。教师、学校以"自下而上"的研究路径及时对课堂实践进行反思、梳理、总结，并不断完善、提升"至善"课堂的理论。

探索篇

中篇

趣味拼音教学的基本范式

戴志璇

一、概念界定

趣味教学，是指教师根据学生的身心发展特点制订教学计划，注重培养学生的学习兴趣，让学生主动参与到课堂学习中。趣味拼音教学法提倡因材施教，让学生爱上拼音学习。拼音的学习是小学语文的重要组成部分，因此，打好拼音基础是小学生学好语文的前提。对于小学一年级的学生来说，尚未形成一定的学习方法和技巧，而且还未真正接触系统的学习，所以学习拼音难免存在困难。教师要根据小学生的学习水平以及接受能力和性格特点，制定合适的教学方法，进行趣味教学，以激发学生学习拼音的兴趣，实现学习效率的提升。低年级学生的自控力比较差，在长时间学习过程中，精力肯定会不集中，如果采用趣味性方式实施教学活动，会对学生产生强大的吸引力，让学生在自由、放松、愉快的氛围中学习，使学生的情感体验与认知相结合，有利于提升课堂教学效率。

二、理论依据

《语文课程标准》将汉语拼音的学习目标定位于帮助识字和学习普通话上，并明确提出"汉语拼音教学尽可能有趣味性，应以活动和游戏为主，与学讲普通话、识字教学相结合"，同时强调了要充分利用儿童生活的经验等。

教育家乌申斯基曾说："没有任何兴趣和仅靠强迫维持的学习会扼杀学生的学习热情，这种学习是不会长久的。"在教学中，教师要遵循拼音教学自身的规律，抓住儿童的特点，创设轻松有趣的学习环境，通过多种合适的渠道，给学生充分自主学习的空间，让学生体会拼音的优美与趣味。

这些好的建议启发我们要正确理解和使用新教材，赋予课堂活力，树立"以学生为本"的观念，创造性地开展教学活动，我校"至善"课堂明确提出了主体教育理论，倡导以学生为主体，其主体性的实质是人的一种内在精神，它能使人产生一种内在动力，主体性强的人会把这种内在动力变成一种内驱力，使之成为一种自觉能动的行为。"至善"课堂要求在教育教学过程中，学生作为认识的主体，在教师的指导下有目的地去获取知识，发展社会适应性。

这一要求基本明确了汉语拼音教学应采用趣味教学的方式，但在实际教学中如何落实这一要求呢？一年级教师根据自己的教学经验，就汉语拼音教学如何实现趣味性这一话题进行了深入探讨。

三、基本程序

趣味教学包含四个环节：

（1）环节一：创设情境，激发兴趣。

（2）环节二：自主探究，发现妙趣。

（3）环节三：寓教于乐，感悟乐趣。

（4）环节四：拓展延伸，体现童趣。

四、教学建议

在课堂上，儿童爱新奇、易厌倦，天生好动，对学习内容易失去兴趣。这时，必须改变教学方式，采用新的刺激和增加趣味的方式，吸引学生的注意力，激发其在课堂上的主动参与意识，使其产生强烈的求知欲，从而收到良好的教学效果。结合一年级实际情况我们给出了以下几点建议。

（一）以景触情，以情激趣

情境是趣味拼音教学中常用的教学方法，一年级小学生由于心理、智力仍在发育，因此，可以结合他们的心理特点，在教学过程中创设一些熟悉的生活环境，提高他们的学习注意力。教学中可以根据拼音字母的特点进行引导。比如，在教学单韵母ɑ、o、e时，呈现在他们面前的便是一幅色彩鲜艳、具有田园气息的美好早晨的情境图。如何利用课本资源，营造活泼快乐的课堂气氛，激发学生的兴趣呢？我们是这样创设情境的："同学们，你们现在已经来到了一个美丽的小山村。你们看，这里有青青的小草、绿绿的人树，小河清澈见底，鱼儿在水里游来游去。太阳公公还没有起床，你就高高兴兴地唱起了a字歌。我们大家一起唱：a——a——a。大公鸡听到了我们的歌声，也展开歌喉唱起了o字歌：o——o——o。你们瞧，大白鹅听到歌声，在水中拍起翅膀翩翩起舞，大白鹅在水中的倒影多美啊！它高兴地唱起了e字歌：e——e——e。"通过这样的情境创设，学生们兴趣浓烈，就会积极参与到学习中来了。

（二）以生为本，投其所好

新课程改革标准提出了"以生为本"的教育理念，即充分凸显学生的主体性，树立学生的主体地位，学生既是课堂的主体，也是学习的主体。"至善"课堂也随之提出以学生全面和谐、主动发展为中心，充分发挥教师主导作用，体现学生主体地位。在教学过程中，教师要充分考虑学生的身心发展规律和特点，从实际情况出发，激发学生的学习兴趣。学生刚刚升入小学，学习的内容都与之前幼儿园学习的内容有所不同。因此，在进行拼音教学时，教学进度不能过快，内容也不能过于枯燥烦闷，要从学生的实际情况出发，调动学生的积极性。"至善"课堂提出在课堂教学中应以问题为主线，以活动为主轴，师生互动，生生互动，师生成为"学习共同体"，在课堂中应有五个基本环节：①学生预习与教师导学；②学生合作与教师参与；③学生展示与教师激励；④学生质疑与教师引导；⑤学生实践与教师评价。可结合一年级学生身心发展水平进行落实。一年级学生还处于形象思维发展阶段，通过图画帮助儿童学习拼音是趣味拼音教学中最常用的方法之一。趣味拼音教学这一模块的每一课都配有精美的插图，这些插图是儿童喜闻乐见的，或者有提示字母发音，或者在外形上跟拼音字母相似，通过图、音、形相结合的方法，学生就能很快掌握汉语拼音了。例如，妈妈已经晾好的衣服前面是"i"的形状，"衣服"的"衣"发音与"i"相关；河里小鱼高兴地跳出水面，小鱼的形状和"ü"相似，"鱼儿"的"鱼"的发音与"ü"相关等。

在教学中，我们还可以改编教材中的插图，尽量选择贴近学生生活实际的插图，拉近学生和拼音字母的距离，从而激发学生学习拼音的兴趣，使学生感到学习拼音并不是一件困难的事。在"至善"课堂中强调教学实践应体现自主、合作、参与、和谐、高效，教师要针对不同的课型和学习对象，灵活选择和创新教学环节。例如，学习第二课《i u ü y w》时，乌鸦的窝的形状像"u"，"乌鸦"的"乌"的发音与"u"相关，而农村的儿童对乌鸦又比较熟悉，这时就可以引导学生观察情境图，并问："图上画了些什么？哪些图形的形状与我们今天学习的字母相似？"让学生自己找出图中与要学的拼音字母相同的形状，并通过"乌鸦"的"乌"帮助学生记住发音。

（三）寓教于乐，轻松掌握

"兴趣是最好的老师"，浓厚的学习兴趣是学习的前提和基础。爱玩是孩子的天性，如果课堂枯燥乏味，学生难免会丧失学习兴趣，时间久了，自然不利于学生的成长。一年级学生有好动、注意力不能长时间集中等特点，如果长时间机械性地让学生去读、去写、去记、去练汉语拼音，他们会感到枯燥乏味，容易失去对学习的兴趣，产生厌倦情绪，也会挫伤学习的积极性。通过游戏和活动，可以消除儿童的枯燥感，寓教于乐，达到事半功倍的效果。教学中可以采用儿童喜欢的儿歌、游戏、活动等形式，变拼音符号为朋友，让它们"活"起来、"动"起来，从而更有效地激发学生的学习兴趣，帮助他们学好拼音。朗朗上口的儿歌、顺口溜等，会让学生乐于接受，方便记忆。例如，为了便于学生更加牢固地掌握m、n、f、t的字形，用顺口溜的方法帮助学生巩固记忆。例如，"一个门洞n n n，两个门洞m m m；伞把朝下f f f，伞把朝上t t t"。然后教师说上半句，学生接下半句。又如，在学习j、q、x与ü相拼，ü上两点要省略的规则时，利用儿歌帮助学生记忆，"小ü碰见j q x，去掉两点还读ü"。在反复的训练中强化学生记忆，这样一来，看上去死记硬背的规则就显得不那么困难了。通过说唱儿歌、顺口溜等形式，学生不仅记住了拼音字母的音、形，而且对学习拼音产生了浓厚的兴趣。

（四）联系实际，学以致用

任何一门学科知识都来源于生活，最终又服务于生活，拼音也是如此。常常有学生认为自己在课堂上学的东西与生活毫无关联，所以才会提不起兴趣，教师要做的不是苦口婆心地反复强调自己所讲内容在未来的重要性，而是在实际教学中提高学生的认知水平和能力，让学生意识到学习拼音并不是为了应付考试，更重要的是要学以致用。这就要求教师在讲授过程中能够紧密联系生活实际，引导学生将所学知识运用到生活中。把拼音学习和识字、阅读、说话结合起来，边学边用，读、说、写齐头并进才会相得益彰。

部编版语文教材在汉语拼音的内容编排呈现方式上加强了整合，将汉语拼音学习与识字、学词、阅读、说话紧密结合起来，十分重视汉语拼音的实际运用，在教学中，应当学用相结合，提高教学质量。在学完所有的拼音字母后，教师可以指导学生回家读一些带拼音的书籍，如《格林童话》《安徒生童话》等，让他们切身体会到学会拼音的重要性和快乐，从而明白必须学好拼音，才能为今后学习更多的汉字打好坚实的基础。

在学生学会拼读音节后，便可以鼓励他们用音节组词。当学生能比较熟练地拼读音节和组词后，紧接着让学生用音节来训练说话，要求学有余力的学生将自己说的话用拼音写出来。通过一段时间的训练，我们就会惊喜地发现：学生能用拼音写话了，而且兴趣很浓厚。每次一写完都会拿来让老师看。到了这个阶段，教师就要顺势引导，让学生放学回家做一件自己最想做的事，然后将这件事用拼音写下来，一句话两句话都行，几乎所有的学生都愿意去做。引导学生"讲故事"也是他们特别喜欢的方法。在初学整体认读音节"yi、wu、yu"时，为了让学生较快地掌握，可以利用下面的故事：放学了，三个同学i、u、ü在校门口等父母来接。u的妈妈大w来了，牵着她的手回家了（出示整体认读音节wu）。不一会儿，i的妈妈大y也来了，正准备牵i的手回家（出示yi），这时，ü呜呜地哭了起来。大y看见了，急忙走过去，安慰道："不哭不哭，阿姨先送你回家。"听了大y的话，ü连忙擦干眼泪，拉着大y的手高兴地回家了（出示yu）。这样，通过一个生动有趣的故事，把字母教学寓于故事和语境之中，激起学生学习的兴趣，让学生学得快、记得牢。

学完拼音后，教师可以鼓励学生做一些力所能及的练习。一是在本子上用拼音写出名字，写自己的、写同学和兄弟姐妹的，然后不定期地叫些学生发全班同学的本子。二是在教室的窗户、讲台、黑板、门、玻璃上等每个可见的角落贴上拼音词卡。三是回家找找家里的电器、家具，写出它们的名称，在自习课上进行小组交流，全班展示。不知不觉，在生活的点滴中，学生所学的知识在兴趣盎然中巩固提高了。这与"至善"课堂中所提倡的不谋而合：在做中教，有的放矢，因材施教；在做中学，激发兴趣，提倡身学；以做为中心，手脑并用，注重实践。真正做到"学以致用"，并获得初学语文的成就感，使学生爱上语文课，爱上语文。

总而言之，拼音教学看似简单，却蕴含着深奥的学问。拼音教学是语文教学中的基础，只有把基础打牢和巩固起来，在后续的教学中才会更加顺利。因此，教师要充分认识到拼音教学的重要性，在这个关键阶段将拼音基础打牢，为学生今后的学习与生活奠定扎实的基础。只有这样，才能实现"得法于课内，受益于课外"，从真正意义上促进学生的个人发展，这对学生的一生来讲，都是一笔宝贵的财富。

　　"善教者，师逸而功倍；不善教者，师勤而功半。""至善"课堂倡导"自主、合作、探究"的学习方式，让学生由被动变为主动，把个人自学、小组交流、全班讨论、教师指点等有机地结合起来，进而促使小组之间合作、竞争，激发学习热情，挖掘个体学习潜能，增大信息量，使学生在对学、群学中互补促进，共同提高。在这一关键环节中，学生的善学和教师的善帮同等重要。总之，在汉语拼音教学中，趣味教学不可少，要创造性地设计丰富多彩的教学互动活动，寓教于乐，把学拼音和识字、阅读、学说普通话紧密联系起来，让学生爱上拼音，通过"自主、合作、探究"的学习方式去学习汉语拼音，期待学生能运用汉语拼音这根拐杖来学习中国文化，将汉语拼音的工具性更好地展现出来，服务于学生的学习。

低学段儿童绘本阅读教学的基本范式

罗琼芝　李　梅

阅读，是儿童认识和打开纷繁世界的第一扇窗户，也是儿童认识世界、获得经验的主要途径，在提高低学段儿童的阅读兴趣、提高语言表达能力方面发挥着非常重要的作用。如何让低学段儿童尽快学会阅读并爱上阅读？绘本以它独有的魅力为低学段儿童，尤其是识字量还不够丰富的儿童提供了一种独特的阅读方式，同时也为师生共同学习、家庭亲子学习提供了一个非常好的契机，引导儿童认识世界、品味语言、想象情节、体验情感，感受阅读之美、童年之乐，在丰富多彩的绘本阅读活动中爱上阅读。

一、概念界定

绘本，顾名思义就是"画出来的书"，是以绘画为主，并附有少量文字的书籍。低学段儿童识字量有限，注意力易分散，思维天马行空。而绘本具有文字简短、装帧绘画精美、故事内容简单易懂等特点，恰恰与低学段儿童的身心发展规律相吻合，能够给低学段儿童在文学启蒙上带来趣味性和启迪性，培养低学段儿童的阅读兴趣，让其从小感受阅读的乐趣，积累语言，丰富想象力。

二、理论依据

《小学语文课程标准》（以下简称《课标》）指出，语文素养是学生全面发展和终身发展的基础。语文课程应激发和培育学生热爱祖国语言文字和优秀文化的思想感情，引导学生丰富语言积累，培养语感，发展思维，初步掌握学习语文的基本方法，养成良好的学习习惯，具有适应实际生活需要的识字写字能力、阅读能力、写作能力、口语交际能力。《课标》的第一学段目标中要求学生能喜欢阅读，感受阅读的乐趣。

《课标》还建议在教学过程中充分发挥师生双方在教学中的主动性和创造性。学生是语文学习的主体，教师是学习活动的组织者和引导者。语文教学应在师生平等对话的过程中进行。语文教学应激发学生的学习兴趣，培养学生自主学习的意识和习惯，引导学生掌握语文学习的方法，为学生创设有利于自主、合作、探究学习的环境。教师应尊重学生的个体差异，鼓励学生选择适合自己的学习方式。

三、教学环节

低学段儿童绘本阅读教学模式包含六个基本环节：

（1）环节一：创设情境，激发想象。

（2）环节二：共读故事，渗透方法。

（3）环节三：积累语言，拓展想象。

（4）环节四：展开想象，乐于表达。

（5）环节五：绘写故事，分享乐趣。

（6）环节六：阅读延伸，迁移运用。

四、教学建议

（一）天马行空敢想象

低学段儿童的想象力是最丰富的，教师在教学过程中应给予儿童充分的想象空间，鼓励儿童大胆想象，树立想象无对错的原则，让学生天马行空地发挥想象。比如，在课例《小真的长头发》的导入环节中，从一个点的图片出发，引导儿童大胆想象，从五花八门的想象中引导其建立想象的信心。

（二）有话可说敢表达

语文教学要注重语言的积累、感悟和运用，注重基本技能训练，让学生打好扎实的语文基础。尤其要注重激发学生的好奇心、求知欲，拓展学生思维，培养其想象力，开发创造潜能，提高学生发现、分析和解决问题的能力，提高语文综合应用能力。绘本《小真的长头发》既有天真烂漫、天马行空的想象，又有基于生活经验的现实场景。在教学过程中，教师设计了让学生想象小真的长头发还可以用来做什么的讨论环节。这就是让学生结合生活经验，有话可说、有话敢说，充分培养学生的想象力。

（三）胆大心细敢写话

《课标》指出，教师应注重听、说、读、写之间的有机联系，提倡多读多写，让学生在语文实践中学习语文，学会学习。写作是运用语言文字进行表达和交流的重要方式，是认识世界、认识自我、创造性表述的过程。写作能力是语文素养的综合体现。低学段写作是由写话开始，在课堂中不断练习听、说、读、写，将其想法及时记录下来，既让学生有话说，又提高了学生写话的兴趣。《小真的长头发》这一教学设计最后就设计了续写故事的环节，让学生把课堂上讨论的内容及时记录、续写下来，并相互传阅，大大提高了学生的写作积极性。

（四）兴趣引导敢阅读

培养学生广泛的阅读兴趣，扩大阅读面，增加阅读量，提高阅读品位。提倡多读书，好读书，读好书，读整本书。在《小真的长头发》教学设计中，通过渗透"图文结合""猜猜下文"的阅读方法，降低了阅读难度，提高了学生阅读绘本的兴趣。练习说话和续编故事等环节为学生创造了展示与交流的机会，所以整堂课学生都能充分感受到阅读的乐趣，并且为后期学生的持久阅读提供了源源不断的阅读动力。

善言童话教学的基本范式

龙新琼 黄彩燕 黄 钿

童话是小学生接触文学的最佳启蒙教材。《义务教育语文课程标准（2018年版）》在总目标中提出，语文教育应该让小学生"在发展语言的能力的同时，发展思维能力，激发想象力和创造潜能"。童话故事教学对学生习得语言以及发展学生的思维能力起到不可忽视的作用。

一、概念界定

童话是儿童文学的重要体裁，是一种具有浓厚幻想色彩的虚构故事，多采用夸张、拟人、象征等表现手法去编织奇异的情节。幻想是童话的基本特征，也是童话反映生活的特殊艺术手段。童话主要描绘虚拟的事物和境界，出现于其中的"人物"并非是真的，有假想形象，所讲述的故事也是不可能发生的。但是童话中的种种幻想都植根于现实，是生活的一种折射。童话具有鲜明的主题、丰富的意蕴，在教学中我们一定要依据其特点，从学生实际出发，帮助学生体验、品悟童话，从而受到美的熏陶。

善言则是善于言谈，巧于言辞。学生通过想象，用自己的话复述童话、续写童话故事，使学生达到善谈、善言的境界。美善教师还要勇于把语文课堂的触角伸向更广阔的天地，要与学生一同开发童话的新天地，因此，引导低学段的学生复述童话是课堂上的重要环节。为了让学生更好地走近童话中的人物角色，可引导学生对童话中的不同语言风格进行揣摩，并感受其中的韵味，加深学生对童话内容的理解，使学生体会童话的美妙，体验阅读的快乐，从而加强学生的语言锻炼。

二、理论依据

《课标》指出，语文课程应激发和培育学生热爱祖国语言文字和优秀文化的思想感情，引导学生丰富语言积累，培养语感，发展思维，初步掌握学习语文的基本方法，养成良好的学习习惯，具有适应实际生活需要的识字写字能力、阅读能力、写作能力、口语交际能力。《课标》的第一学段目标中要求学生能阅读浅近的童话，向往美好的情境，关心自然和生命，对感兴趣的人物和事件有自己的感受和想法，并乐于与人交流。

建构主义提倡在教师指导下的、以学习者为中心的学习，也就是说，既强调学习者的认知主体作用，又不忽视教师的指导作用，教师是意义建构的帮助者、促进者，而不是知识的传授者与灌输者。学生是信息加工的主体、是意义的主动建构者，而不是外部刺激的被动接受者和被灌输的对象。

三、基本程序

善言童话教学模式包含四个环节：

（1）环节一：创设情境，兴趣引路。

（2）环节二：梳理情节，读懂童话。

（3）环节三：品读文本，体悟童话。

（4）环节四：创意表达，延伸课外。

四、教学建议

（一）创设情境，启发想象

想象力是小学生思维世界里最鲜活的能力，是最可贵的生命力。想象力在小学生的世界里，具有不可缺少和无与伦比的重要作用。没有了想象力，小学生也就失去了作为孩子的一个特征，也就失去了自己的"童话"，小学生没有了自己的"童话"，也就失去了创造力。想象力的培养虽说是多方面的，但最关键的是教育，语文教学又是教育的主阵地。教师应在教育教学实践中，充分利用这个主阵地，因势利导，努力挖掘教材中各种有利因素，培养学生的想象力。而童话教学正是培养小学生想象力的一个有力突破口和有效手段。因为童话最显著的特点就是幻想，童话故事就是作者通过丰富的幻想、想象和夸张创造出来的，所以，在教学中，教师可创设情境，把学生的思维带进童话的幻想世界里，启发学生想象。比如，在教授《蜘蛛开店》一课时，教师就创设了"蜘蛛房前结网忙""一只蜘蛛从网上垂下来，逃走了"这样的情境，让学生根据蜘蛛的特点和特长进行想象：蜘蛛会开什么店呢？一方面激发学生的阅读期待，另一方面也会在后面展开合理的想象，为续编故事做好铺垫。

（二）长文短教，激发质疑

很多童话作品，因为情节曲折，篇幅相对其他体裁的文章而言较长。教师在课堂教学中，应大胆创新，采用长文短教的办法。要让学生自己去发现问题，讨论问题，要启发学生积极思考，主动地理解课文，这也是"至善"课堂所提倡的学生能质疑问难，有善究的能力，而教师要能适时引导，追求课堂的深度学习。所以，在教学中，学生在把课文读正确、流利的基础上，提出疑难问题或不理解的词语和句子后，教师要善于梳理、归纳学生提出的问题，引导学生带着问题去读书、去思考，想办法解决问题。教师只讲关键处，不需要通讲课文。比如，在《蜘蛛开店》的初读环节，教师就利用"读一读，画一画，说一说"这三个环节，让学生整体感知课文内容，抓住关键词句梳理故事情节，再通过精读"卖口罩"这个故事，引导学生发现三个故事情节反复的特点，发现故事语言中隐藏的规律。

（三）注重表达，提高素养

童话在表述上的突出特点就是故事结构完整，而且大都是按事情发展的顺序叙述的，情节离奇又曲折，而故事中类似的情节，往往又用反复或者调换少数词语的方法来描述，所以它既有引人入胜的艺术魅力，又便于学生记住故事的情节。因此教师应该有意识地利用课文创设各种运用语言的实践活动，帮助学生在运用语言实践中扩大词语和句型的积累，丰富语言经验，从而发展学生的表达能力，让学生善学、善言。因此，我们在教学中要采取多种有趣的训练方式，如通过"讲一讲、演一演、编一编"等形式，让学生在参与中得到发展。比如，在《蜘蛛开店》的教学中，教师就引导学生根据课后的示意图、课文的插图及童话结构反复的特点来让学生讲述故事，通过有梯度的训练，让学生学会把故事讲清楚、讲完整、讲有趣。在课的结尾又通过"展开想象，续编故事"这一环节，多角度地拓宽学生的思维，让学生能创意表达，续编故事，延伸课外。

以童话的形式打开表达的大门，让学生用自己的全部心思、全部感情、全部智慧去表达，这不但能提高学生的写作能力、语言综合运用能力，还能培养学生的想象力、创造力，更能直接培养学生热爱人生、热爱世界的情感，最终培养学生的语文素养和人文素养。

善言童话，童心语文。教师只要能用心设计每个教学环节，真正让学生入情入境，让童话与学生的生活融为一体，就一定能在学生的心灵童话世界里播下神奇的种子！

寓言体裁本真教学的基本范式

欧阳凌洁

寓言早在春秋战国时期就已盛行，由民间口头创作而成。"寓言"一词最早见于《庄子·寓言》篇，作为一种儿童文学样式却是近代的事。它是"用假托的故事或者自然物的拟人手法，来说明某个道理的文学作品，常带有讽刺和劝诫的性质"。当代著名儿童文学作家严文井说："寓言是一个怪物，当它朝你走过来的时候，分明是一个故事，生动活泼；而当它转身要走开的时候，却突然变成了一个哲理，严肃认真。"因此，寓言又被称为"理智的诗""穿着外衣的真理"。

长期以来，不少教师在寓言的"言"与"理"之间取舍失当，进退失据。正确认识和分析这些教学现象，对我们准确定位寓言教学的目标、选择恰当的教学方法、提升学生语文学习的能力有着重要的意义。我校语文教师立足"至善"课堂，构建和谐互动的"至善"课堂，一方面，从建立新型的师生关系入手，逐步形成互动、民主、平等、和谐、友善的课堂文化；另一方面，积极探寻教与学的结合点，逐步摸索出语文寓言本真教学。

一、概念界定

本真，是指凝练语言运用之本真，充分挖掘教材中可用来加强学生听、说、读、写、思实践的有效点、空白点，创造性地应用到学生身上，让他们认真有效地听，积极得体地说，专注投入地读，真心实意地写，真正做到师生"五善"。听——自主自能复述寓言：指基于以前经验，让学生用自己的话讲述故事。言语作为思维的载体，与思维密不可分，通过这个环节，既可以让学生新旧知识建立生长点，又可以提升言语表达能力。说——添油加醋丰富寓言：通过学生的想象，丰富已有的文本内容，做到立足文本，又超越文本。读——文白对读互文寓言：通过追溯寓言的出处，体会寓言谏策之言、立论之据的写作意图；体会寓言戚而能谐、婉而多讽的特征。写——想象补白揭示寓意：指通过生动的想象，进一步丰富课文内涵，于文本的空白处添出精彩。思——拓展思维引发风暴：寓言的目的在于引起反思，触动觉醒，引发论辩。教学寓言，让学生在体验之后进行思辨，经历思维风暴，最后栽种下更为智慧的思维方式，这就是文学的经世致用。

二、理论依据

叶圣陶先生说："语文教学的根在听、说、读、写，是听、说、读、写之内的挖掘与创新，而不是游离于听、说、读、写之外的花样翻新。"在学生对文本的人文内涵各抒己见、畅所欲言时，应努力营造一种调动学生积累，提高学生运用言语能力的大环境，并提供一定的言语形式，让学生有依可循、有例可鉴，从而不断丰富、扩展、积累语言，达到熟练运用语言进行交际的能力。

《语文课程标准》指出：在阅读教学中，教师要根据文本的特点，引导学生内化并运用文本的语言形式，把丰富的想象借助文本的语言形式表达出来，从而达到"工具性"与"人文性"和谐相生的境界。

三、基本程序

听——自主复述寓言。

说——添油加醋丰富寓言。

读——文白对读互文寓言。

写——想象补白揭示寓意。

思——拓展思维引发风暴。

四、教学原则

任何文体的教学，都必须坚守语文本位，铆定语文的学科属性，体现语文的核心价值。相对其他文体，寓言不重言而更重意，所以在寓言教学中，我们需要有更上位的思考，不再囿于文本，而是基于文本，思考语文能力的训练、语言水平的发展和思维品质的提升。寓言体裁教学要把握以下几个原则：

（一）立足文本，渗透课程原则

文本只是语文课程的一个注解，一种依托，一项载体。我们都必须树立这样一种观念：教语文，教的不是语文书，而是语文课程。在任何时候，任何阶段，都要让自己拥有强烈的语文课程意识。

笔者教《守株待兔》，以"听——自主复述寓言，说——添油加醋丰富寓言，读——文白对读互文寓言，写——想象补白揭示寓意，思——拓展思维引发风暴"五个步骤实现寓言教学的突破，追求"立足文本却超越文本，教学本文却着眼课程"的教学愿景。

"至善"语文寓言体裁本真教学在教学中基于文本，着力进行的就是听、说、读、写、思的语文能力训练。比如，在"写——想象补白揭示寓意"的环节，让学生通过想象，说一说周围的亲朋好友会对种田的人说什么。

其实这个过程就是在引导学生揣摩寓意。学生在读这则寓言的时候对它所要说明的道理是有所感知的，但是这种感知还是混沌的，既不清晰也不规范。所以教师需要设计一定的表达方式，营造一定的语境，使学生能够把自己混沌的思绪理顺贯通，情动辞发，以实现恍然大悟、昭然若揭的目的。

（二）立足单篇，渗透互文原则

寓言作品的阅读在内容的理解和把握上比其他文体简单得多，因为它多是短小精悍的，又常通过夸张、比喻、拟人等方式讲述故事。如果只基于文本，课堂就会变得乏善可陈，并很快使学生失去学习的兴趣。所以寓言的学习，可以从单篇孤立走向多元互文。一般来说，各个版本的教材中寓言都是以组合形式呈现的，至少是两则。为什么这样呈现？当然是根据这种文体的特征得来的。寓言比较简单、比较短小，所以可以集中呈现，两篇放在一起，形成寓言二则，就能比较好地让学生把握寓言的文体特征，感受寓言的表达方式，认识寓言的鲜明特点。在教学中，我们要努力凸显编者的意图，引导学生将两则寓言进行互文，从而发现寓言的文体特征，如故事短小精悍，多用夸张、常用类比，以小见大、见微知著等。如此由篇及类，提升学生的阅读鉴赏能力。

（三）立足悦纳，渗透思辨原则

语文教材所选取的都是文质兼美的文章，所以语文教学自然表现为教师极尽所能地引领学生发现文本中的美好：语言的特色、布局的精妙、意象的编排、文化的浸润……凡此种种，都需要我们带着学生潜心悦纳，走向课堂的高潮就是达成与作者、文本、学生的三情共振。

寓言的目的在于引起反思，触动觉醒，引发论辩。教学寓言，让学生在体验之后进行思辨，经历思维风暴，最后栽种下更为智慧的思维方式，这就是文学的经世致用，也是尊重寓言文体特征的不二法门。

（四）立足举象，渗透得法原则

语文教学中举象固然重要，但得法更为可贵。举象是我们一贯以来都重视的，因为文字是干瘪寂静的，只有借助读者丰富的想象，在课堂中形成立体丰满的"象"，内容的理解、情感的体味才能水到渠成。但是，得法比举象更加有价值。

"至善"课堂语文寓言体裁本真教学的这五个环节，既是教学过程，更是学习过程。这些方法的习得着眼于学生理解、感悟、概括、解释以及语言组织和表达能力、互文能力等阅读能力的训练，着眼于学生语文听、说、读、写、思的全面训练，朝向文本课程价值的开掘和学生思维品质的提升。相信通过本真教学习得的方法，将为学生今后的寓言学习提供更加丰富多元的支架，也为他们的自主自能阅读打下扎实基础。

小古文阅读教学的基本范式

陈斯琦 孙艺瑞 蓝 菲

一、概念界定

小古文即小学阶段篇幅较短小的文言文。文言文，是指"在古代汉语的基础上经过加工提炼而形成的一种简洁、典雅的书面语体"。相对于现代文来说，古人用文言写成的文章就叫作文言文，简言之，就是古文。古文注重典故、骈骊对仗、音律工整。

文言文是古代历史上通用的语言文字，蕴藏着中华民族古老而深厚的文化——社会制度、文化特征、宗教礼俗、意识形态等方方面面。从这个意义上说，要想了解古代文化，就有必要学习文言文，积累丰富的文言知识。

在小古文教学实践中，我们提炼了适合小学生特点的小古文阅读教学"四字诀"——读、译、诵、拓。"读"即读通文本，"译"即译出文意，"诵"即诵读积累，"拓"即拓展阅读。循着读通小古文、读懂小古文到读好小古文的教学步骤，一步步地引领学生走进小古文，并爱上小古文。本文旨在进一步明晰统编教材该教什么，该如何教，积极探索小古文阅读教学的有效途径。

二、理论依据

（一）《语文课程标准》对文言文阅读的要求

《语文课程标准》要求小学生"能借助工具书阅读浅易文言文"，"认识中华文化的丰厚博大，吸收民族文化智慧"。在《语文课程标准》中落实了各学段的具体要求：

（1）第一学段（一年级至二年级）：能诵读儿歌、儿童诗和浅近的古诗等。

（2）第二学段（三年级至四年级）：诵读优秀诗文，注意在诵读过程中体验情感，展开想象，领悟诗文大意等。

（3）第三学段（五年级至六年级）：诵读优秀诗文，注意通过诗文的语调、韵律、节奏等体味作品的内容和情感等。

（二）统编教材对优秀的传统文化格外重视

部编版语文教材的古诗文篇目增加了。小学一年级开始就有古诗，整个小学6个年级12册语文教材共选有古诗文132篇，每个年级20篇左右，占课文总数的30%左右，比原有人教版增加很多，增幅达80%左右。课文的选篇标准强调了四点，即经典性，文质兼美，适宜教学，同时要适当兼顾时代性。

统编教材编者温儒敏也指出，作为中华传统文化的优秀组成部分，古诗文有丰富的人文内涵与情感表达，有精致的语言形式和文人意趣，那些不可重复之美，是穿越时代、古今共享的。传统的语文教育很重视以诗文诵读来"开蒙"，这的确是中国特色的教法，在诗文诵读中让学童得到人文熏陶，以及语言能力和审美品位的提升。现在提倡中小学生多读古诗文，本身就是一种文化传承，是登临中华文化殿堂的台阶，同时可以帮助学生建构自己的语言运用机制，增进语文素养。

小学学习古文处于启蒙阶段，通过"浸润式"学习，通过诵读，努力将整个身心沉浸到作品的氛围节律中，去感悟、体味和想象，就能达到审美的境界，理解那些普世而又独特的情感表达，欣赏那些音韵节奏之美，同时初步掌握小古文学习的基本方法，养成记诵积累小古文的良好习惯，从而为中学文言文学习奠定基础。

三、基本程序

小古文阅读教学主要包括以下几个环节：

（1）读——书当快意读易尽。

（2）译——巧凭翻译传文意。

（3）诵——喜诵不衰吐清芬。

（4）拓——心胸万古拓须开。

四、教学原则

（一）关注语文要素

由于小古文的文言复杂性，在小古文的课堂教学中，容易出现课堂过于呆板或教学手段过于新颖，而不能充分发挥小古文的教育价值的问题。优化小古文的课堂教学，笔者从文本特点出发，结合部编版教材"语文要素"的概念，制定了"读、译、诵、拓"的教学策略。

小古文的文本具有言简意赅、富有节奏性的特点。在教学中，引导学生反复诵读小古文，在阅读中感受小古文的表达方式，培养表达简洁的意识。在诵读的基础上，结合注释，引导学生展开思路，想象场景，将小古文的内容翻译成现代文，从而落实学生的表达能力。

（二）搭建文本梯度

季羡林说："我觉得，一个小孩起码要背两百首诗，五十篇古文，这是最起码的要求。"在语文教学中，教师不必拘泥于现有的课文，可以根据学生的学识能力，基于小古文的内容，选择合适的小古文进行拓展，让学生感受小古文的语言方式，加深学生对小古文内容的理解。

学习《纪昌学射》一文时，选取同样出自《列子·汤问》中的一篇小古文《薛谭学讴》作为拓展阅读，语言风格大致相似，同样是讲学习的，薛谭"未穷青之技，自谓尽之，遂辞归"，与纪昌的学习态度截然相反，学生可以通过对比阅读，体会不同的学习态度造成的结果不同，从而体会文章道理。

多篇小古文的对比阅读，能够使学生对小古文的学习形成横向的广度、达成纵向的深度，加深学生对古文学习的兴趣，形成发散的思维。

（三）落实多元评价

多元评价是师生互动的重要形式，德国教育家第斯多惠说："教学艺术的本质不在于传授本领，而在于鼓励、唤醒和鼓舞。"言简意赅的小古文，学生初接触时感觉晦涩难懂是很正常的，因此在"读、译、诵、拓"等课堂基本程序的教学中，结合教学程序的变化，教师应注重对学生学习小古文的多元评价，以达到增强学生学习信心、激发学习兴趣的目的。

在教学《古人谈读书》时，"忆读书法""知晓大意"及"体会意境"等教学环节都体现了学生的自我学习评价；针对学生对字、词、句、篇的掌握，教师应适时给予学生多方面的即时评价，提升学生的识得；"拓展阅读"的课堂评价将口头评价与书面评价相结合，是一种延时评价，给予学生消化、吸收的空间与时间，充分体现"以生为本"。

教师在语文课堂上充分运用教学评价，对提高学生学习小古文的实效性有着重要意义，有利于学生语文素养和语用能力的提升。

（四）语用落地生根

小古文是凝练的优秀传统文学形式，含有丰富的语用要素。"读、译、诵、拓"四个基本程序旨在引导学生感知文言文，理解小古文，从而感悟小古文中所包含的丰富的汉字文化，体验小古文言简意赅的巧妙与美丽，在古今对比的语言实践中理解汉字及文本语言的演变，体会汉语言运用的博大精深，掌握语言运用的技巧，从而提高语文素养的获得。

在教学《精卫填海》时，教师在小古文教学中融入了语用理念，依托"课前读—课中读—熟诵读"等朗读形式训练学生语感；依据文本"自主习—解文意—当堂练"丰富语言训练；创设语用情境，联系《夸父逐日》及《愚公移山》展开语用实践，通过对教材文本及课外文本的整合贯通，让学生在"读、译、诵、拓"的学习过程中感悟小古文语言的魅力，提高小古文教学的实效性。

综上所述，小古文教学的语用核心在于培养学生灵活运用语言、文字的能力，让语用在小古文学习中落地生根。教学时立足小古文内容与学生的学情水平，结合"读、译、诵、拓"的基本程序，拓展延伸多种小古文文本，帮助学生积累语用材料，让学生运用语言表达技巧，拓展提高小古文阅读水平与语用能力。

参考文献

[1] 王国宏.对小学语文课堂中多元评价的探讨［J］.课程教育研究，2019（43）：73-74.

[2] 张志达.浅析小学语文语用教学的灵活开展［J］.当代教研论丛，2020（3）：44-45.

情境式古诗词教学的基本范式

杨远珍 赵丹丹 吴 璇 赖艺美 徐 欢

古诗词在中国文学史上占据着极其重要的地位，可以称之为文学之祖、艺术之根。古朴深沉的先秦诗词、流畅自然的秦汉诗词、玄幽清俊的魏晋诗词、荡气回肠的唐宋诗词、诗风成熟的明清诗词……语言或朴实或华丽，风格或婉约或豪放，意境或苍凉或繁丽，情感或热烈或朦胧，皆是中华民族灿烂文化的重要组成部分，无不体现了中华文化的丰厚博大。

《语文课程标准》对古诗词教学提出了这样的要求："诵读古代诗词，能借助注释和工具书理解基本内容。注重积累、感悟和运用，提高自己的欣赏品位。"

因此，学习古诗词不仅能帮助学生汲取民族文化智慧，打好语文学习基础，还能培养学生热爱祖国语言文字的情感，提高文化品位。

一、概念界定

中国古诗词包括古体诗、近体诗、汉乐府、词、曲等。在小学阶段，所选取的古诗词多为内容生动、形式丰富、易于小学生接受的相对浅显的诗词作品，能有效地帮助学生从中习得方法，陶冶情操。

但由于古诗词是古代传统文学形式，其题材、结构、词语等的运用，情感的表达与现在的生活、经历相差很大，再加上字数、句数、平仄、押韵、对仗等种种限制，使得学生在学习过程中，较难理解其内容、体会其情感。同时，一些教师为了快速完成教学内容，提高学生成绩，采取了"知识点讲解教学""逐字逐句翻译教学""强行体会情感教学"等简单乏味的教学方法，破坏了古诗词的优美意境，使古诗词教学变得枯燥乏味、死气沉沉。

因此，我们年级语文教师积极探索，在我校"至善"课堂理念的引导下，力求打破传统古诗词的教学模式，构建教师善启、善帮、善激、善导、善评，学生善思、善学、善言、善究、善行的古诗词教学课堂。培养学生主动探究、团结合作的精神，在自主学习探究中，体会古诗词的语言美、结构美、韵律美、意境美、情感美。

在这个基础上，我们探讨出情境式古诗词教学策略。情境式古诗词教学，是在古诗词内容和具体学情的基础上，创设具有强烈感染力的情境，让学生在生动形象的情境中理解、感悟、想象，达到真正把学习内容内化的效果。

二、理论依据

建构主义理论的四要素中，"情境创设"非常重要。建构主义注重学习环境的创设，其中所创设的具体情境应有利于学生对所要学习内容的意义建构。因此，在建构主义学习环境下，对教学设计提出了新要求：教学设计既要考虑教学目标的设定，又要考虑有利于学生建构意义的情境创设，并将其看作教学设计的重要内容之一。

《语文课程标准》第三学段目标指出："阅读诗歌，大体把握诗意，想象诗歌描述的情境，体会作品的情感。受到优秀作品的感染和激励，向往和追求美好的理想。"而在我校"至善"课堂核心理念的引领下，"主体教育理论"提倡课堂中以学生为主体，学生在教师指导下有目的地去获取知识，发展社会适应性。

在小学语文古诗词教学中，情境创设应作为教学设计的重要环节。让学生在教师所创设的具体、有效的情境中，感受古诗词所蕴含的美，激发学生的学习热情，发挥学生的主体作用，促进学生积极主动地学习，同时也培养学生对古诗词的审美能力。

三、基本程序

情境式古诗词教学模式包含四个环节：

（1）环节一：读中感知，感受意境。

（2）环节二：读中想象，理解诗意。

（3）环节三：入境入情，体悟心情。

（4）环节四：探究设疑，领悟诗情。

四、教学建议

（一）有效指导诵读

《语文课程标准》要求学生学习古诗词，要能体会到作者表达的情感，领悟古诗词的内涵。但小学生在学习古诗词时，由于身心发展的特点，往往难以读懂词句背后的文化内涵，更难以与诗人产生共鸣。因此，在古诗词教学中，首先就是要加强诵读训练。在诵读训练中，利用教师、音频软件的范读为学生提供模仿的依据，初步读准字音、节奏。同时，也可以进行学科融合，鼓励学生将生涩难懂的古诗词用表演的方式吟唱出来，在轻松恰当的音乐氛围中激发学生的学习兴趣，在层层递进的诵读训练中，完成学生对古诗词的整体感知。

一读，读得准确。由于时代的更迭，古诗词中的许多字音不同于今日，学生根据已有的知识经验，往往容易出错，甚至由此产生理解偏差，因此，在诵读训练中，正音辨形显得尤为重要。如在读《渔歌子》中的多音字"塞（sài）"时，许多学生会根据生活经验读成"塞车"的"塞（sāi）"。这时候便需要教师及时纠正，并借机讲一讲有关西塞山的知识，让学生在读准字音的同时，拉近他们与古诗词的距离。

二读，读懂诗意。大部分情况下，由于古诗词的内容较为深奥，而字义的演变、古诗词遣词的方式又与现代白话文有较大的区别，因此，学生在词句理解上往往词不达意或完全背道而驰。那么，在诵读的过程中，教师可以适当地穿插字词句的讲解，或鼓励学生自行查阅资料、组织小组讨论等，通过这样的方式帮助学生理解词句的意思。

三读，读出韵律。古诗词的结构虽然单一，但词句的停顿、韵律的变化、情感的表达都使古诗词的诵读节奏千变万化，所以，教师指导诵读时不仅要让学生读得准确，读懂诗意，还要注意读出诗词的节奏，读出诗词的韵律。让轻松愉悦的春花秋月、亦张亦弛的万种情思、舒缓豁达的人生态度在诵读之中悠悠传扬。

四读，读出诗情。古诗词是诗人情感表达的载体，或写景抒情，或托物言志，或起兴警示，短短的文字里总蕴含着丰富的情感和意蕴。如果说读准、读通、读懂是对语言文字的艺术再现，那么能够读出作者感情，并在此基础上将自己的情感经历融入进去，与作者达到精神上的共鸣，那么这便是一场跨越时空的交流盛会。为了达到这样的效果，教师在教学时，应注重穿插讲解诗歌写作的时代背景、作者的生平经历、历史的物俗风气。通过这样的方式引导学生深入了解诗歌，使学生们能够在情感上与诗人产生共鸣，达到声和情的统一。比如，在教学苏轼的《浣溪沙》时，便可以苏轼在风烛残年之际回顾自己一生所写的自传诗《自题金山画像》"心似已灰之木，身如不系之舟。问汝平生功业，黄州惠州儋州"做引，介绍苏轼的生平经历，再结合《浣溪沙》的写作背景——苏轼经历的第一次被贬黜来体会作者的心境。

（二）合理运用情境教学，引导学生入情入境

正因为古诗词具有高度的凝练性和抽象性，学生在理解古诗词时往往只知其一不知其二，不容易在生涩的词句中全面、具体地把握古诗词。所以，教师应根据教学内容以及学生现有的认知水平，有目的地将抽象的文字转变为具体的、与学生已有生活经验相关的场景，进而创设具有情绪感染力的生动情境，让学生能够在真实可感的场景中学习和思考，启发学生的想象力，进而使学生实现思想与情感上的融会贯通。比如，在《渔歌子》的教学中，教师引导学生观察环境与渔夫的外貌，并借助多媒体音频文件营造舒缓闲适的课堂环境，让学生在脑海中形成垂钓的场景，进而理解渔夫的心情以及作者想要表达的心境。

（三）整体感悟古诗词，抓点睛之笔

一首古诗词中一定有其精辟绝妙之处，即"诗眼"。"诗眼"是古诗词中最重要的、最关键的内容，是诗歌情感表达的点睛之笔。

在教学中应指引学生发掘诗词中最精练传神的词句，以梳理出全诗的思想感情，达到赏析诗作的目的。例如，《渔歌子》一词的词眼应为"不须归"。垂钓者清高、恬淡、超然物外的个性特征从"不须归"一词中得以体现。从本词的写作背景看，"不须归"准确地展示出作者因得罪权贵被贬官后隐身于大自然，寄情于山水的精神状态。总而言之，"不须归"统摄全词，是本词意旨的窗口，为"词眼"。教学此词，教师应指引学生寻找到"不须归"这一关键词，依托它引导学生在诵读中深入理解诗词的意境，领会词中流露出的情感。

诗词中的点睛之笔是理解诗歌的关键，教学中应让学生掌握抓住"诗

眼"体会主旨这一方法，提高学生鉴赏古诗词的水平。

参考文献

中华人民共和国教育部.义务教育语文课程标准［M］.北京：北京师范
大学出版社，2011.

语文"多维—高效"低段识字
教学的基本范式

邓翠绿

　　语文教学应该让学生在丰富有趣的语文学习活动中习得语文能力，提升人文素养。《语文课程标准》的内容和目标都聚焦于"语言文字运用"，突出"实践性""综合性"特点。语文教学的落脚点在语言文字上，无论是语言文字的理解，还是语言文字的运用，都需要我们教者"咬文嚼字"。我校的"至善"课堂致力于以学生全面和谐、主动发展为中心，充分发挥教师的主导作用，体现学生的主体地位。那到底如何高质量地完成《语文课程标准》中的低段目标与内容，同时融入学校的教育理念？我们采用了"多维—高效"的识字方法，从多个维度充分调动学生的学习积极性和探究的热情，让学生掌握学习的方法，同时深切感悟中华文化的丰厚博大。

一、概念界定

　　兴趣是人们对事物的积极认识倾向，它推动人们去探索新知识，发展新能力。如果学生有了兴趣，就会主动投身于学习活动中，从而充分发挥学生的主体作用。语文"多维—高效"低段识字教学，是教师按照学生思维由形象到抽象发展的趋势设计的识字教学方法。为了增强识字教学中的形象性、趣味性，让字类教学做到由易到难、循序渐进，教师运用识字教学中各种各样激趣的有效方式，从多个维度去激发学生的学习兴趣，建构立体的语文课堂，让学生深入思考，全面巩固，以提高自身的语文素养和人文素养。

二、理论依据

《语文课程标准》指出："要运用多种识字教学方法和形象直观的教学手段，创设丰富多彩的教学情境，提高识字教学效率。"美国心理学家布鲁纳指出："学习的最后刺激仍是对所学材料的兴趣。要给学生上好课，就得千方百计燃学生心灵兴趣之火。"识字教学是低学段语文教学的一大难点，识字量大，学生学习的兴趣需要激发，所以在教学中，教师可以采用活动、游戏等方式，运用多种直观的教学手段，创设丰富多彩的教学情境，激发学生的学习兴趣，培养学生的识字能力，提高识字教学效率。

三、基本程序

"多维—低段"识字教学模式包括以下几个环节：

（1）环节一：初步感知，整体感悟。

（2）环节二：抓住特点，把握新知。

（3）环节三：调动感官，多维巩固。

（4）环节四：追溯字源，积淀文化。

（5）环节五：深入情境，共情体悟。

（6）环节六：迁移运用，拓展提升。

四、教学建议

第一，识字教学要关注学生的内心，激发学生的热情，培养良好的学习习惯，让学生葆有永不枯竭的活力。汉字是有温度、有内涵的知识，作为语文教师，应该有意识地思考如何让学生"培育热爱祖国语言文字的情感，增强学习语文的自信心，养成良好的语文学习习惯"。

第二，关注语用是部编教材的一个鲜明特点。教师要引导学生在真实的情境中学语文、用语文，这也是语用思想的另一个重要体现。关注语文知识实际运用的价值，将"死"知识变成"活"知识，是教材在语用方面的一个重要举措，也能让学生对学习产生更为浓厚的兴趣。

第三，优化识字方法，体会识字的乐趣。教师可以根据汉字的特点，通过各种方法，让学生反复识记、感悟，使其在不知不觉中对字形产生直观印象，从而提高记忆字形的准确度。

想象类习作教学的基本范式

邹凌丽

《语文课程标准》提出：面向学生，要"发展思维能力，激发想象力和创造潜能"。小学生思维活跃，具有丰富的想象力，但想象力也是存在差异的，它和学生的认知水平、个人经历、生活经验、情感状态以及是否受过专门训练有关，训练想象力，依赖于教师的启发诱导，而习作是一个有效的训练途径。

学生面对想象类习作，通常有两大问题。一是不知道如何想象，不知道从哪里开始想象，他们把想象看作一件高不可攀的事情，不敢想，更不敢下笔。二是过于放任思维的无拘无束，信马由缰，没有逻辑，天花乱坠，导致习作缺乏可读性。

教师面对这两个极端，在"收"与"放"之间要努力做到游刃有余。思维是极快且无法直接看到的心理过程，一旦"收"得过紧，学生的想象就会缺乏光怪陆离的可能性，过于"呆板"，不敢想；一旦过于"放"，学生又可能过于"活跃"，天马行空、放任自流、无边无际。既要激发想象，让学生敢于想，又要提供一定的指引，使想象合情合理，这对教师来说是一个极大的挑战。

因此在想象类习作教学中，我们认为教师要做到善启、善激、善导，学生要做到善思、善究，如此才能真正将学生的想象思维激发，并且落实到习作上。

一、概念界定

《普通心理学》中对想象是这么定义的："想象是一种特殊的思维形

式，是人在头脑中对已储存的表象进行加工改造形成新形象的心理过程。它能突破时空的束缚。想象能起到对机体的调节作用，还能起到预见未来的作用。"想象就是凭借记忆所提供的材料，进行加工，进而产生新的形象的心理过程。它基于主体过去对客观世界的认知，又能突破时空的限制，从而做到思接千里，神通万里。

想象类习作是一种虚构类文章，是对想象中的场景或事物的描述。它是作者超越时间、空间，或生活常规限制的种种奇思异想的记录。通过习作锻炼学生的想象力，有益于锻炼学生的形象思维和提高写作兴趣。训练想象，不是凭空而来，而是基于学生的生活体验，但又不能仅仅局限于此，还应引导学生走出生活，突破生活。

二、理论依据

《全日制义务教育语文课程标准（实验稿）》在"总目标"中要求"在发展语言能力的同时，发展思维能力，激发想象力和创造潜能"。心理学研究表明，想象是在对事物认识或了解的基础上进行再加工、创造而形成的表象，是一种初级形态的思维创造行为。因此，想象力是一种需要通过训练来得到提升的能力，教师应引导学生"再加工""再创造"。

《语文课程标准》还明确指出："要鼓励学生写想象中的事物，激发他们展开想象和幻想，发挥自己的创造性。"《语文课程标准》中针对小学三个学段提出了三个相应目标。第一学段的目标是写想象中的事物；第二学段的目标是能不拘形式地写下见闻、感受和想象；第三学段的目标是能写简单的纪实作文和想象作文。习作中若能放飞想象，可以充实文章内容，描绘生动形象，增加感情色彩。

幻想是少儿的天性，更是人类进步、社会发展的翅膀。想象类习作能帮助学生整合社会生活实践经验、开阔思维，从长远来看，提升想象力对社会发展也十分重要。

三、基本程序

想象类习作训练包含以下五个环节：

（1）环节一：以点辐射，激发想象。

（2）环节二：构思情节，串珠成链。

（3）环节三：提供范文，规范指引。

（4）环节四：展开想象，练笔成文。

（5）环节五：现场点评，互学成长。

四、教学建议

（一）以激发思维点燃想象

想象是一种思维能力，是"看不见""摸不着"的，教师的引导至关重要。每一次教学生成，都会是下一次教学生成的基础，就像一个个小火花，最终汇聚成熊熊大火。

对于如何激发思维，教师首先应提供一个能够激发想象的素材。想象离不开学生从生活体验中积累而来的表象，表象是曾经作用于人的事物在头脑中留下的形象，它是想象的基础。表象越丰富，想象就越开阔、越有深度。丰富的表象来自直接或间接的生活中的大量接触，有的学生观察力较强，头脑中留下的表象较多；有的学生观察力、感受力较弱，积累的表象较少。因此，课堂上先要从图片，或几何形状的线条，或声音，或故事等日常普通的事物中，引导学生，激发想象，活跃思维，做思维的"热身操"。

此外，教师用提供的素材开始进行思维的练习"暖场"，从这个素材辐射开去，以恰当的语言引导学生发散思维，激活课堂，教师抛出的每一个引导、总结，都要围绕着"激发思维"这个中心点。

（二）以理性约束引导想象

想象类习作在"放"与"收"之间，一旦"收"得过紧，学生则战战兢兢，过于"呆板"，不敢想象；如果过于"放"，学生则又会过于"活跃"，天马行空、放任自流、无边无际。这与想象作文还有很大的差距。

因此，教师在引导学生思考时，一方面，在每一次问答中，通过语言引导学生理性地想象；另一方面，在大量的想象之后，教师的范文也是一种很好的示范，让学生在"收"与"放"之间达到平衡。一篇好的范文，能让"呆板"的学生恍然大悟——原来可以这样想，也能让"活跃"的学生明白——想象也要有理性的约束。

（三）以构思情节平衡想象

想象类作文，既要大胆新奇，又要合情合理，仅有单一的想象还不足以成文，最好还能有情节，避免平铺直叙。如何引导学生在"新奇"与"合情合理"之间取得平衡，引导学生能够把"点"连成"线"，构思情节，编出一个完整的故事，将想象点串成一条精美的项链，这对学生的想象力提出了更高的要求。

（四）以现场点评助力想象

现场点评学生的习作，让学生参与评价，进一步增加学生想象力的宽度，扩大学生视野，拓展写作空间，整体提升想象力和写作水平。同时，习作的展示也是一种相互学习的过程，在文笔方面也是一种即时的促进。

参考文献

廖波.普通心理学［M］.北京：航空工业出版社，2012.

实践篇

下篇

《ɑoe》教学案例

【教材分析】

本课是语文一年级上册第一节汉语拼音课，包括三部分内容。

第一部分是三个单韵母：ɑ、o、e，配有一幅图画。画面表现的是乡村的清晨，一个女孩儿正在小河边练唱"啊啊啊"。"啊"提示ɑ的音，女孩儿的头部和小辫子构成的图形提示ɑ的形。一只大公鸡正在打鸣，公鸡打鸣的声音"喔"提示o的音。一只大白鹅正在欣赏自己美丽的倒影，"鹅"提示e的音，水中的倒影提示e的形。第二部分是声调符号和ɑ、o、e三个单韵母的四声。第三部分是ɑ、o、e的书写格式及笔顺。

【教学目标】

1. 学习单韵母ɑ、o、e，能读准ɑ、o、e的音，认清ɑ、o、e的形。

2. 认识四线格，学习书写ɑ、o、e。

3. 借助插图，通过示范读、指导读等方法教学生读准ɑ、o、e的音，通过编顺口溜、猜口型等方法加强记忆。

4. 初步了解汉语拼音的用处，激发学生学习汉语拼音的兴趣。

【教学重难点】

重点：ɑ、o、e的发音及正确书写。

难点：o的发音及ɑ、o、e的二声、三声。

【教学准备】

多媒体课件、拼音卡片、画有四线格的小黑板。

【课时安排】

2课时。

【教学过程】

（一）创设情境，激发兴趣

小朋友，你们刚刚结束幼儿园的生活，来到学校读书学习，成为一名光荣的小学生了。面对一个个不认识的字，你们别急，给它们戴上小帽子，你就认识了，这些小帽子就是汉语拼音。汉语拼音的作用可大了，它可以帮助我们识字、学习普通话、查字典，还能帮助我们用电脑打字呢！

过渡：汉语拼音a、o、e的作用这么大，所以我们一定要学好它。今天，我们就来学习汉语拼音的第一课。

（二）自主探究，发现妙趣

（出示多媒体课件）学生观察思考：图上画了谁？他们正在干什么？

1. 学习a

（1）看图：小女孩儿在干什么？（在进行发声练习）我们也来试试。

（2）教师出示拼音卡片：a，讲解并示范发音，学生模仿。

（3）师：在发a时，嘴巴怎样？引导学生编顺口溜：张大嘴巴a、a、a。

（4）观察小女孩儿图，看哪部分与a的形状有关系。识记并书写a。

（出示课件）认识四线格，并指导书写a。

（5）介绍四线格，引导观察：小朋友们，老师画的这幅图，数数有几条线。（四条）这就是四线三格（指出上格、中格、下格）。我们的拼音字母都写在四线三格里。小朋友们观察一下a在四线格中的位置。

（6）教师讲解笔顺并板书：a先写半圆再写一竖，留个小尾巴。（学生书写）请同学来当小老师并告诉大家怎么写。现在在书上描红，看谁写得好。

2. 学习o

过渡：小女孩儿发出的声音引来了许多小动物，你们看谁来了？

（1）出示公鸡打鸣图：公鸡在干什么？谁来学一学？

师：公鸡发出的喔喔声，就是我们要学习的字母o的发音。

（2）出示卡片，学习o的发音。（教师讲解、示范发音；学生练习发音）

（3）学生自编顺口溜：嘴巴圆圆o、o、o。

（4）师：这个o像什么？你是怎样记住它的字形的？（可以编顺口溜，可以形象记忆）

（5）指导书写：小朋友们，o像一个圆，要写得均匀。（教师示范写，学生描红）

3. 学习e

过渡：听到公鸡的叫声，大白鹅也来了。

（1）课件出示大白鹅：小朋友和它打个招呼。（大白鹅好！）大白鹅在水中的倒影就是我们要学习的字母e。

（2）学习e的发音。（教师讲解、示范；学生模仿练习）

（3）学生自编顺口溜帮助记忆：嘴巴扁扁e、e、e。

（4）由图中大白鹅的倒影引出字形e，识记，书写。小朋友们再仔细观察一下这个e，像什么呢？（大白鹅的倒影）聪明的小朋友再找找它与我们学的o有什么不同。（e不是一个圆，它中间有一横，而且一横转弯的地方不封口）

（5）指导书写：中间有一横，右边不封口，e只有一笔。（教师示范写，学生书写、描红）

（三）寓教于乐，感悟乐趣

1. 我会读

看板书练读。（巩固音）

2. 摘星星

（巩固形）课件出示一些星星，星星上写有a、o、e、b、m、d、n等拼音字母，找到今天所学的字母，如果我对了，星星就送给你。

3. 猜一猜

四人一组，一名同学做这几个字母的手势，另外的同学猜。

4. 角色扮演

（小女孩儿、大公鸡和大白鹅）：一天清晨，大公鸡喔喔地叫了，发音o；小女孩儿听到了公鸡的叫声，马上起床，来到草坪上，开始发音练习，发音a；你看她多勤奋啊，她动听的歌声引来了大白鹅，发音e。他们多开心啊！

（四）拓展延伸，体现童趣

师：今天我们认识了三个新朋友a、o、e，不仅知道了它们的名字，还记住了它们的样子。它们还特别爱美呢，喜欢戴上各种不同的帽子，下节课我们一起去认识一下戴帽子的它们吧。

　　请小朋友们回家后把我们今天认识的三个新朋友读给爸爸妈妈听，并写给爸爸妈妈看。明天老师再问大家，看哪位小朋友记得又快又好，不仅会读还会写。

　　【板书设计】

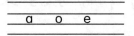

《j q x》教学案例

【教材分析】

《j q x》是义务教育课程标准实验教科书语文一年级上册"汉语拼音"第六课，由三部分内容组成：第一部分是学习汉语拼音声母j、q、x及它们的书写笔顺、占格位置，j、q、x与韵母的拼读练习，j、q、x与ü相拼时省略ü上两点的规则；第二部分是读带有j、q、x音节的词语和儿歌；第三部分是认识五个生字，借助图画和联系生活实际了解字词的意思。

【教学目标】

1.学会j、q、x三个声母，读准音，记清形，正确书写。

2.初步掌握j、q、x和ü相拼时，ü上两点省略的规则。

3.学会j、q、x与单韵母拼读音节及带调拼读音节，准确拼读j、q、x开头的三拼音节。

【教学重难点】

重点：能够使学生掌握j、q、x和ü相拼的省略规则，并且明确j、q、x与u不能相拼。

难点：能够使学生掌握j、q、x和ü相拼的省略规则，使学生能够区分p和q的字形。

【教学准备】

教学课件、字母卡片。

【课时安排】

2课时。

【教学过程】

（一）创设情境，激发兴趣

1. 创设情境

师：这节课，老师要和大家再一次走进拼音王国。在前面的几次旅行中，我们已经认识了好多拼音王国中的小伙伴，你们还记得它们吗？那一会儿遇到了它们可一定要打声招呼啊！好了，现在我们就出发吧！

（课件出示：拼音王国，青青的草地上，卡通形象的拼音字母正在玩耍。）

2. 复习巩固

师：瞧，我们的老朋友来迎接我们了，快点儿喊出它们的名字吧！（课件出示前几课学过的声母：b、p、m、f、d、t、n、l、g、k、h。）

3. 引入新课

师：刚刚和老朋友打过招呼了，现在我们是不是应该认识几个新朋友了？不过，这几个新朋友可不会轻易和大家见面，我们要先找到它们，它们才会出来和我们做朋友，你们有信心找到它们吗？

设计意图：兴趣是最好的老师，要想让孩子主动学习，就一定要激起孩子的学习欲望，而情境的创设、精美课件的配合、富有挑战性的任务无疑是最好的途径。孩子们在生动的情境中复习旧知，在教师富有挑战性的语言中走进新课程，学习起来一定会事半功倍的。

（二）自主探究，发现妙趣

过渡：原来，拼音王国马上要开联欢会了，我们去看看会场布置好了没有。

（课件出示：联欢会的场景，并将书中关于j、q、x的情境图分散出现在课件中。）

1. 引导学生看图

师：喜欢这样的场面吗？能不能把你看到的和大家说一说？

2. 引导学生认识新声母——j、q、x

教师根据学生的回答在黑板上贴出相应的图片和拼音卡片。

3. 板书课题，指导读课题

略。

（三）寓教于乐，感悟乐趣

1. 认读声母j

（1）引导学生对比图片与字母，说一说有什么好办法记住声母j。

生（预设）：这张图上是一只母鸡在追蝴蝶，形状很像这个声母j。

（2）介绍声母j的发音方法：声母j和母鸡的"鸡"读音很像，把"母鸡"的"鸡"读得轻一些、短一些，就是j的读音。

学生跟读，念口诀：声母读得轻又短，j j j。

2. 认读声母q

过渡：同学们真聪明，这么快就记住了声母j，现在我们再来看一看这幅图片。（出示小女孩手拿气球的图片）请大家观察图片，小女孩手里拿的是什么？（学生：气球）数数一共有多少个气球。

生：七个。

（出示声母q的字母卡片）结合图片介绍声母q的发音方法：把"七个"的"七"读得轻些、短些，就是q的读音。

学生跟读，念口诀：声母读得轻又短，q q q。

3. 认读声母x

过渡：认读了两个新朋友，老师现在有点儿口干舌燥了，你们是不是也一样？瞧，这个小朋友已经给我们准备了水果。他准备的是什么水果呢？（教师适机出示切开西瓜的图片）

生（预设）：西瓜！

（1）引导学生观察西瓜被切成几块，刀切的印迹像什么。

生（预设）：西瓜被切成了四块，像个大叉。

（2）（出示声母卡片x）结合图片引导学生想办法记住声母x。

（3）编儿歌：刀切西瓜x、x、x。小组赛读。

4. 学习j、q、x的写法

过渡：我们认识了这三个声母朋友，还要知道它们怎么写。请大家打开书翻到第31页，观察它们在四线格中的占格及写法。

请学生汇报观察结果，教师在黑板上示范写，强调占格和笔顺。学生练写，教师巡视指导。（纠正写字姿势）

5. 游戏巩固

变魔术，区分形近字母。

过渡：同学们写得非常认真！为了奖励你们，老师给你们变个魔术吧！

6. 拼读音节

过渡：同学们刚刚认识了三个新朋友，我们的拼音宝宝们也想和它们交朋友，快看，第一个要和j、q、x交朋友的是谁？

（1）（出示i的拼音卡片）小i和j、q、x交朋友后就组成了一个个新的音节，你们会拼读吗？

（2）学生练习拼读j、q、x与带调i组成的音节。

（3）讲故事：看见小i和j、q、x玩得这么开心，小ü也来了，它也要和j、q、x交朋友，小ü特别有礼貌，见到j、q、x后，它马上把帽子摘了下来，然后彬彬有礼地说："我可以和你们交朋友吗？"于是小ü就和j、q、x手拉着手一起做起了游戏，而且嘴里还唱着："小ü小ü有礼貌，见到j、q、x就摘帽，小ü见到j、q、x，去掉两点还念ü。"

（4）课件出示儿歌，师生共同拍手唱儿歌，巩固新知。

（5）引导学生练习拼读j、q、x与ü组成的音节。

（四）拓展延伸，体现童趣

1. 总结

师：这节课同学们的表现非常棒，我们不但认识了三个拼音朋友，还了解了小ü遇到j、q、x要摘帽子，最后老师还想送给大家一首儿歌，你们想不想听？

2. 出示儿歌

j q x，j q x，三个朋友在一起，母鸡蝴蝶j j j，七个气球q q q，刀切西瓜x x x，大家吃得甜蜜蜜。

【板书设计】

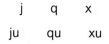

j　　q　　x

ju　　qu　　xu

《i u ü y w》教学案例

【教材分析】

本课是义务教育课程标准实验教科书语文一年级上册"汉语拼音"第二课，共有四部分内容。第一部分是三个单韵母、两个声母和三个整体认读音节，配有一幅乡村生活情景图提示读音。第二部分是单韵母i、u、ü和整体认读音节yi、wu、yu的四声。第三部分是y、i、yi，w、u、wu的比较，即声母、韵母与整体认读音节的比较。第四部分是书写。

【教学目标】

1. 正确认读i、u、ü三个单韵母，声母y、w和整体认读音节yi、wu、yu，知道y、w和ü在一起组成音节时ü上两点要省略的拼写规则。

2. 正确认读i、u、ü、yi、wu、yu的四声。

3. 学会正确书写单韵母i、u、ü和声母y、w。

【教学重难点】

重点：教会学生读准i、u、ü三个单韵母和y、w两个声母的音。

难点：学会y、w和ü的组成音节中ü上两点要省略的拼写规则。

【教学准备】

教学课件，拼音卡片。

【课时安排】

2课时。

【教学过程】

第一课时

（一）创设情境，激发兴趣

1. 引导学生观察情境图

你们喜欢这个地方吗？能说说你的想法吗？（学生讨论、交流）

2. 谈话导入

这小院真美。你看屋前有一条清澈的小河，小朋友正趴在河边看小鱼吐泡泡。河里还有一只小乌龟悠闲地爬着。院子的周围种着许多树，院子中间还晾着一件衣服。多么温馨的小院！

（二）自主探究，发现妙趣

1. 教学单韵母i

启发学生观察：图上画的是什么？

（1）学生观察，看图说话。

（2）谈话引入："衣服"的"衣"跟我们这节课要学的第一个单韵母i的发音相同。

（3）听音、发音。教师示范发音，注意看清教师的口形。教师发音时牙齿要怎样？（学生观察）师生共同编顺口溜：牙齿对齐i、i、i。（齐读，开火车读）

（4）记忆字形：i像什么呢？

（5）教学i的四声。

师：i和a、o、e一样，可以戴上四顶帽子。仔细看，i戴上帽子后和原来有什么不同？（出示：ī、í、ǐ、ì）学生观察比较。

（出示多媒体课件）（儿歌）小i有礼貌，标调就摘帽。

（6）指导书写i。

2. 教学单韵母u

（1）学生观察，看图说话：图上画着什么？

（2）学生看插图说话，教师引出u：一只小乌龟在河里玩耍。"乌龟"的"乌"的读音里面就有u。

（3）教师示范发音，学生听音，看口形。教学讲解：发u音，嘴唇拢圆，只留一个小孔，舌头向后缩，舌根抬起，发音口形不变。学生练习读单韵母

u，师生共同编顺口溜：嘴巴突出u、u、u。（教师领读，学生集体读，教师指名学生领读）

（4）教师引导学生记字形：图上哪个地方像u？（这只小乌龟像u形）还像什么？（像只茶杯u u u）

（5）教学u的四声。多媒体课件出示：ū、ú、ǔ、ù。

（6）指导书写u。

3. 教学单韵母 ü

（1）学生观察，看图说话：图上画着什么？

（2）学生看图说话，教师引出ü：一条大鱼在水里吹泡泡。（出示ü）

（3）教师示范发音，学生看口形。

师：ü的发音，舌位和i相同，只是嘴唇要撮成圆形，发音时口形不变。口形像在吹笛子。

（4）记字形：u和ü的字形有点相同，又有点不同，谁来说说有什么不一样？教顺口溜：u上加点ü、ü、ü，小鱼吐泡ü、ü、ü。

（5）练习ü的四声。ü也戴上了帽子，（出示声调卡）谁愿意来当小老师？

（6）指导ü的书写。

（三）寓教于乐，感悟乐趣

（1）利用卡片开火车读六个单韵母，可以打乱单韵母的次序。

（2）做"摘星星"的游戏。教师读一个带调韵母，请学生摘下写有相应拼音字母的星星。

（四）拓展延伸，体现童趣

师：今天我们认识了三个新朋友i、u、ü，不仅知道了它们的名字，还记住了它们的样子。请小朋友们回家后，把我们今天认识的三个新朋友读给爸爸妈妈听，并写给爸爸妈妈看。

第二课时

（一）创设情境，激发兴趣

导入新课：学校要召开家长会了，小i和小u的妈妈来了，你想认识它们吗？仔细看图，两个妈妈就藏在里面呢。（学生自己发现）教师适机板书y、w。它们有一个共同的名字，叫声母。今天，我们就来学习这两个声母。

（二）自主探究，发现妙趣

1. 教学声母y

（1）出示多媒体课件，观察教材第23页的图片，引导学生思考：图上的什么像声母y的形状？（大树闪动）教师引导学生说话，并引出y。

（2）教学发音。

① 教师示范发音，要求学生听清发音，观察口形，同时思考：声母y的发音与以前学过的哪一个单韵母的发音差不多？（单韵母i）

② 比较读，让学生听听两者有什么不同。声母y和单韵母i发音相同，但y要读得轻些、短些。（教师范读、领读）

（3）教师引导学生编儿歌，记字形，掌握书写方法。学生创编儿歌：像个树杈y、y、y。教师讲解书写方法：y两笔完成，占中格和下格。学生描红，并在练习本上写3个y。（教师巡视指导）

2. 教学声母w

（1）出示多媒体课件，观察图画，引导学生思考：图上的什么像声母w的形状？（屋顶闪动）教师说话引出w。板书：w。

（2）教学发音。教师提问：大w是u的妈妈，它们的读音很相似。你能根据老师刚才讲的y与i的联系与区别，说说声母w该怎么读吗？（w轻而短，u响而长）

（3）记字形。师生共同创编儿歌：屋子屋子w、w、w。

（4）指导书写。教师讲解书写方法：w住在二层楼，由两个v组成，不能写得太宽。学生临摹大w。

（三）寓教于乐，感悟乐趣

1. 出示声母y、w，指名学生

略。

2. 学习yi、wu、yu

（1）教师讲故事。

有一天，i、u、ü三个小朋友要出去玩（拿出卡片i、u、ü）。可是它们年纪小，又不认识路，怎么办呢？它们就请大y、大w来带路。大y说："好！我带你去！"大y带着小i一块儿走（将卡片y放在i前面），就成了音节yi（多媒体课件出示：yi、yi、yi）。大w带着小u一块儿走（将卡片w放在u前面），就成了音节wu（多媒体课件出示：wu、wu、wu）。小u没人带，急得哭了，大

y看见了，就对小ü说："小ü妹妹别哭了。我带你去，快把两滴眼泪擦掉。"小ü听了，高兴地把眼泪擦掉，跟大y走了（将卡片y放在ü前面，把ü上两点擦掉），这就成了音节yu（多媒体课件出示：yu、yu、yu）。

（2）学生认读整体认读音节yi、wu、yu及其四声。

① 明确整体认读音节。多媒体课件出示yi、wu、yu，教师讲解什么是整体认读音节。

② 教师示范。出示yī、yí、yǐ、yì，教师示范读，学生齐读。

③ 学生练读。多媒体课件出示wū、wú、wǔ、wù和yū、yú、yǔ、yù，学生练习读，指学生读。

④ 猜音节游戏。

老师拿出一张小图片说出一个字，请小朋友认真听，并找出相应的音节，然后当小老师领读。

医生的医、乌鸦的乌、小鱼的鱼、椅子的椅、梧桐树的梧、羽毛的羽、阿姨的姨、跳舞的舞、玉米的玉、宇宙的宇。

⑤ 读音节，再用音节口头组词。

（四）拓展延伸，体现童趣

师：小朋友真能干，我们今天又学习了三个单韵母、两个声母、三个整体认读音节。现在它们将邀请大家和它们一起玩捉迷藏的游戏，找到它们并正确读出它们。

【板书设计】

i u ü   单韵母

y w   声母

yi wu yu   整体认读音节

《小真的长头发》教学案例

罗琼芝

【教材分析】

《小真的长头发》是一本充满童趣、有着天马行空般想象的绘本。只留妹妹头的小真，在有着漂亮长头发的两位好朋友面前一点儿也不服输。她津津有味地描述着自己的头发长得"老长老长老长"的情景，在小真的想象中，她的头发能够钓鱼、拉牛、裹在身上当被子、晾衣服，抹上洗头的香波就是冰激淋，躺在河流里头发就像海带……小真的想象让两个好朋友听得入神，开始羡慕起小真的"长头发"来。绘本作者高楼方子巧妙地将现实和想象的场景串联起来，天马行空的问答使人不自觉地就开始发挥想象力，在"小真"的带领下打开想象之门。

【教学目标】

1. 能借助绘图和文字，学会图文结合和边读边猜的绘本阅读方法，读懂故事的主要内容，培养学生的观察能力。

2. 在阅读过程中积累语言，用"要是……就能……"来组织语言，规范语言表达方式。

3. 能将生活和想象结合，展开想象创编故事，培养表达能力，有创作欲望。

【教学重难点】

结合生活和想象创编故事，并用规范的语言表达，有创作欲望。

【教学准备】

《小真的长头发》绘本、PPT课件。

【课时安排】

1课时。

【教学过程】

（一）创设情境，激发想象

（1）课前游戏"这是什么"。

（2）出示一张空白图片。（引导学生想象这张图片上可以有什么）

（3）出示一张中间只有一个点的图片。（引导学生看图想象，天马行空都可以。鼓励学生想别人不敢想的，想别人想不到的，越与众不同得分越高，满分5分学币）

（二）共读故事，渗透方法

1. 寻找课题和主角（学会观察图片）

（1）课件出示《小真的长头发》绘本封面，（板书课题）学生齐读书名。

（2）从封面上你看到了什么？并提问。

①小真在哪里？（在角落里）

②那长头发在哪里？（在中间，一圈一圈的都是）请一位同学上来一边比画一边说一说小真的长头发到底有多长呢？

2. 阅读绘本，提取关键信息

（1）结合图文寻找主角，渗透图文结合的绘本阅读方法。

① 看图听老师读故事，猜一猜图中的三个小姑娘，哪个是小真？为什么？（小叶和小美留着长头发，她俩美得不行，小真却留着短短的妹妹头）

② 教师通过评价语言渗透图文结合的阅读方法，鼓励学生用这样的方法往下读。

（2）引导结合生活实际和平时积累的语言表达。

（小叶和小美说："我们的头发还能长长呢。""哼，能长多长？"小真问。"长得呀，能盖过腰呢。对吧？小叶。""对，能到腰呢。"）

① 学生自己表演，体会小叶和小美都为自己能有可以长到腰的长头发的感受。（骄傲、自豪、得意、了不起……）

② 体会小真想象自己头发的长度：读一读，演一演，猜一猜。（她踮起脚尖，站在凳子上，手放在身后）

③ 朗读指导，体会情感。你现在就是小真了，这时，你会说一句什么话？（语气骄傲）

（3）用图文结合的方法阅读绘本。

① 看图自读故事。（"怎么，你们的头发还能长那么长？我的呀，能长得更长呢！""嘿！能长多长？""老长老长老长老长老——长！说起那个长来……"）

设问：小真的头发到底有多长？（出示第四张图）

生：她的头发长到河里，用头发来当玩具，长发能钓鱼。（读绘本文字）

② 教师讲述：要是从桥上把辫子垂下来，就能钓到鱼呢。挂上一点儿鱼饵，河里的鱼，不管什么样的，都能钓上来。还有呢……

③ 出示第五张图片。指名学生读绘本："要是从牧场的栅栏外面，把辫子嗖的一下甩过去，连牛都能套上呢，一下子就套到牛角上，只要用劲儿拉呀拉的，一整头牛就是我的了。"还有呢……

④ 出示第六、七张图片，引导学生自己寻找图片中的信息。

（4）小结回顾。

小真都用长头发做了哪些有趣的事呢？（出示四幅图片）长头发能干什么？

（三）积累语言，拓展想象

1. 想象小真的长头发还能做什么

跑道、秋千、滑滑梯、遛狗绳……

学生分小组交流，每人至少说一个想法。

2. 引导规范表达方式

（1）（出示故事中两个小节的文字）故事里是怎么把想法说清楚、说明白的？自己读一读，你发现故事里是怎么讲的？

（2）提炼连接语："要是……就能……""后来……"。

（3）尝试规范表达（用上动词、连接词），引导正面评价。

① 谁愿意把自己想到的说给大家听？

（生：要是把长辫子甩到月球上，就能自由地往返星际了，这样就不用花很多钱制造宇宙飞船了。）

师：我要把掌声送给她。她的写话可以得几分学币呢？谁来评一评。（规范的语言和合理有趣的想象）

（她想到的，你也想到了，给3分；她想到的，你还没想到的，给4分；她想到的，你觉得自己肯定是想不到的，给5分。）

②尝试创作。

把自己的想法写下来，同桌互评写话作业。（出示评分标准，1项1分：格式和标点正确、没有错别字、书写美观、用上"要是……就能……"、想象奇特）

（四）展开想象，乐于表达

（1）利用学过的方法自读自悟绘本后面的内容（学生分角色朗读）。

（2）想象小真的长头发还可以用来做什么。

（五）绘写故事，分享乐趣

请小朋友们把课堂上自己的想法画下来，写出来，完成了的在老师这里装订封面，封面上写上"小真的长头发续编"、作者（自己）的名字，我们自己的作品就写好啦！

（六）阅读延伸，迁移运用

（1）《小真的长头发》这个有趣的故事是日本作家高楼方子写的，画也是她画的，由汪仲翻译。课前玩的游戏的图画是出自绘本——《点》，彼德·雷诺兹文画图，邢培健翻译。

（2）让我们一起来读一读作家和翻译家的名字，谢谢他们。

（3）课后我们也可以找找他们的作品，用上这节课学习的图文结合的阅读方法读一读。

【板书设计】

小真的长头发

要是……就能……

规范的语言

合理有趣的想象

《花婆婆》教学案例

余金婵

【教材分析】

《花婆婆》这本绘本是美国著名女作家芭芭拉·库尼以自己的生活经验为题材，自己写故事、自己画插图创作出的一本自传式图画书。绘本用倒叙的写法讲述了卢菲丝小姐用一生去追寻美的故事。"献给让世界变得更美丽的每一个人"是这本绘本扉页上的一段文字。花婆婆只做了一件事就给世界带来了美，可这却是她用了大半生才找到的答案。那作为小学生的我们将来应该做什么事才能让世界变得更美丽呢?

【教学目标】

1. 感受绘本之美：色彩美、图画美、剧情美。

2. 读懂绘本的故事，知道卢菲丝小姐的三个愿望分别是什么。

3. 谈谈自己将来做什么事才能让世界变得更美丽。

【教学重难点】

读懂绘本的故事，谈谈自己将来做什么事才能让世界变得更美丽。

【教学准备】

《花婆婆》绘本、PPT课件、阅读卡片。

【课时安排】

1课时。

【教学过程】

（一）善学：学习绘本的阅读顺序

1. 了解绘本

出示绘本，观察绘本正面、背面的图案，感悟绘本的色彩美。

2. 欣赏封面，获取信息

（1）书名。

（2）作者、画图：［美］芭芭拉·库尼/文·图。

（3）翻译：方素珍/译。

（4）出版社：河北教育出版社。

（5）图画信息。

3. 介绍蝴蝶页、扉页，感悟绘本的图画美

师：同学们，相信大家都会读绘本故事书，那老师来考考你，这本绘本的书名叫什么？（生：花婆婆）这本书有书名的这一面，我们称为什么面？（生：封面）你还能在封面里读到什么信息呢？（生举手回答：作者、翻译、出版社等）。同学们的观察能力特别强，那你知道这一页叫什么吗？（介绍蝴蝶页、扉页、封底）

（二）善思：激趣、质疑导入

师：观察封面，图上画的是一个年轻女孩儿，为什么书名叫《花婆婆》呢？

我们二（7）班的学生就是爱动脑筋，你看，图片上有个美丽的女子，穿着飘逸的衣裙，看向远方。这么年轻漂亮的女子，书名怎么叫她"婆婆"呢？带着这个疑问，我们一起去读读这本绘本。（在读的过程中，感受剧情美）

（三）善读：自读绘本，读后交流

师：你读懂这个故事了吗？（抛出问题）大家为什么会叫她"花婆婆"呢？

师：同学们，老师读完这个故事后，有点儿读不懂，这到底讲的是一个小孩子艾莉丝的故事，还是一个年轻女人卢菲丝小姐的故事，还是一个老奶奶花婆婆的故事呢？大家为什么会叫她"花婆婆"呢？谁能告诉我？

（学生讲自己理解的故事内容。）

（四）善学：小组讨论，分享学习成果

1. 读艾莉丝小时候的故事

（1）指名学生，分角色朗读，师生对读。

师：同学们，爷爷和艾莉丝都聊了些什么呢？

（学生相互探讨，并找出艾莉丝要做的三件事情，分别是：她长大了，要去很远的地方旅行；当她老了，要住在海边的房子里；爷爷让她一定要记得做第三件事——做一件让世界变得更美丽的事。）

师：艾莉丝马上就实现愿望了吗？她每天都是怎么过的呢？

生探讨交流回答：但是，她还不知道将来会做什么样的事。她每天起床、洗脸、吃早餐、上学、放学、做功课，这就是她的生活。渐渐地，艾莉丝长大了。

师：她只是每天起床、洗脸、吃早餐、上学、放学、做功课吗？我们能不能用一句更简单的话来概括这些琐事？

（2）训练学生说句子。

预设：①她只是每天都过着平常的生活。

②她只是日复一日地过着生活。

师：对啊，她过的这些平常的生活，像不像我们的生活？

生：像。

师：那我们看看，和我们过着一样生活的艾莉丝，长大以后能不能实现自己的愿望？

2. 读艾莉丝长大后的故事

生：到海边找个房子住下来……大家都叫她卢菲丝小姐。

师：艾莉丝长大了，她分别做了什么事？请你用"开始……接着……最后"把故事简单地说一说。

预设：开始卢菲丝在图书馆工作，接着她辞去工作，后来为了实现答应爷爷的第三件事，她去了热带小岛旅行，最后定居在海边。

师：卢菲丝定居海边后，发生了什么事？

生1：第二年春天，她背部的伤又发作了，大部分的时间她躺在床上。

生2：她在去年夏天撒下的种子，不知不觉已经开花了。

生3：她想到了一个很棒的点子，她要去种鲁冰花。

3. 读卢菲丝种植鲁冰花种子的部分

师：接下来我们继续往下读，稍后请一个同学扮演卢菲丝小姐种花的过程。

生：整个夏天……现在，大家都喊她"花婆婆"。

师：读到"她终于完成了第三件事，也是最困难的一件事"，你还记得她做的是哪三件事吗？

讨论：

（1）三件事都做完了，你最喜欢卢菲丝做的哪一件事？说说理由。

（2）你喜欢花婆婆吗？喜欢她哪一点？

班级交流：学生自由发言，谈论艾莉丝言出必行，卢菲丝为了实现愿望付出一生的努力，花婆婆的善良美丽……言之有理，皆应肯定。引导学生感受人物的魅力，体会人物的美好心灵。

（五）善言：学生大方地发表自己的言论

师：同学们，故事虽然结束了，但美丽却在延续。花婆婆用自己的行动装扮了世界的一个角落，影响了周围的人。同学们，艾莉丝小时候跟我们过着一样的生活，她长大以后也能实现自己的伟大理想。如果是你，你会怎样让世界变得更加美丽呢？

学生尽情发言。

（六）善写：学习成果的输出

1. 插图设计

我手画我心。将自己心中的"关于美的想象"画出来。

2. 阅读卡设计

根据教师提供的阅读卡模板，自制一份阅读卡。

3. 阅读延伸，迁移运用

卢菲丝小姐的一生有没有婚嫁不得而知，但是很肯定的一点是，她的理想没有被传统束缚，是一个能掌握自己命运，非常自由的人。二年级的学生暂时还读不到那么深奥的地方，但关于美的故事，会潜移默化地影响着每个认真品读的人。

努力让世界变美丽的人还有很多很多，推荐以下书籍给学生拓展阅读：《格林爷爷的花园》《卢利尤伯伯》《1000把大提琴的合奏》《夜色下的小屋》《大卫之星》《天动说》《七号梦工厂》《极地快车》《讨厌黑夜的席奶奶》《河川》。

【板书设计】

	去远处旅行	受伤	
花婆婆	定居在海边	思考	让世界变美
	爱上鲁冰花	播种	

《小种子》教学案例

郭佳佳

【教材分析】

《小种子》是一本寓教于乐的图画书，趣味性、知识性兼具，作者艾瑞·卡尔借由许多小种子乘风离开果荚，直到落地生根、开花的旅程，以简单的文字、明朗的图画，清楚地呈现生命之息息相关、延续不易。这是一本不需要太多解说，孩子便能明确感受的图画书，"生命"的价值与延续，不言而喻。

【教学目标】

1. 借助绘图和文字，读懂故事的主要内容。

2. 了解自然界中"种子—飘落—发芽—开花"的生命和成长规律，感悟生命不易、万物循环等朴素道理。

3. 积累语言，会用"可能……可能……还可能……"来说话。

【教学重难点】

感悟生命不易、万物循环等朴素道理。

【教学准备】

《小种子》绘本、PPT课件。

【课时安排】

1课时。

【教学过程】

（一）观察封面，初识种子

观察封面插图，说一说看到了什么。观察封面插图和题目，想想它们之间有什么关系。

（二）随风而扬，开启旅行

秋天来了，大风吹来，把花的种子们高高地扬起来，带到远方。在这些种子中间，有一粒特别细小，比别的种子都小。这小种子能不能跟上别的种子呢？这些种子又会去哪里呢？一粒种子飞得特别高，越飞越高。它飞得太高了，炽热的阳光把它烧着了。我们的小种子同别的种子一起继续旅行。

另一粒种子停在高高的冰山上。山上的冰终年不化，种子不能生长。剩下的种子继续飞，但我们的小种子没有别的种子飞得那么快。

现在，种子们正飞越大海。一粒种子掉到海里，沉没了。别的种子随风飘着，但我们的小种子没有别的种子飞得高。

一粒种子飘落到沙漠里。大沙漠又热又干，种子不能生长。现在，我们的小种子已经飞得很低了，不过，借着风力它还能跟上别的种子。

风终于停了，种子们慢悠悠地落到地上。一只小鸟走过，把一粒种子吃了。我们的小种子没被吃掉，它太小了，小鸟都看不见。

种子们经过长途旅行固定到各自的位子。看起来，它们要在地里过冬了。下雪了，种子们盖上了柔软的白被子。一只住在地里的饥饿的老鼠把一粒种子当午饭吃了。我们的小种子躺在地上一动不动，老鼠没看见它。

问题：

（1）种子们在飞行的过程中遇到了哪些困难？用"有的……有的……有的……"概括性地复述。

（2）除了这些困难，种子们还可能遇到哪些危险？用"可能……可能……还可能……"说话。

（3）那粒小小的种子为什么能安然无恙？

（4）猜猜剩下的种子能顺利地长大吗？

（三）破土而出，孕育生命

几个月过去了，冬雪化了，春天来了！小鸟飞来了，太阳出来了，春雨落下来了。种子们开始长大了，而变得又圆又鼓，有些都开始裂开来了。现在，不再是种子了，而是植物了。首先，它们把根须往下伸到地里去；然后，长出小小的茎叶，朝向空气和阳光。有一株植物原来是一粒又胖又大的种子，它长得比别的新植物都快。它抢走了所有的阳光和雨露，以至于在它边上的一株小植物死掉了。

我们的小种子还没有发芽呢。快呀，要来不及了！终于，小种子也长成植物了。

久违了的阳光和春天温暖的气息把孩子们也带到野外来游戏了。啊！有一个孩子没有注意到春天的植物们，在奔跑中把一株植物踩断了。这下，这株植物就不能再生长了。

我们的小种子长成的小植物飞快地生长着，但它的邻居长得更快。小植物才三片叶子的时候，邻居已经有七片了！看！花蕾！哦，花都开了！怎么啦？一阵脚步声以后，一片阴影盖过来，接着，一只手伸过来，摘走了花！原来是一个男生把花送给了女生。

问题：

（1）种子们是如何长成植物的？（生根—发芽—长叶—开花）

（2）植物在生长过程中又遇到了哪些不幸的事？

（四）沉潜含蓄，终于绽放

小种子长成的植物孤独地生长着，它长啊，长啊，一刻不停。阳光照耀着它，雨水滋润着它。它有很多叶子了，它越长越高。比人高了！比树高了！比房子都高了！现在，它也长出了一朵花。附近的人们，甚至远处的人们都来看这朵花。这是他们看到过的最高的花，简直是巨型花！

整个夏天，小鸟、蜜蜂、蝴蝶们不停地来拜访，它们也从没有看到过那么巨大、那么好看的花！

问题：

这颗小小的种子为什么能长成巨型花？（体会种子的幸运和努力）

（五）生命终结，再度轮回

又一个秋天。

白天越来越短了，夜晚越来越长了。风把黄的、红的叶子吹起来，几瓣花瓣从巨大的花上落下来，同那些彩色的叶子一起飘落到地上。

风更紧了。巨大的花几乎失去了它所有的花瓣。它在风中摇晃着，低下了头。又一阵风吹来，这回，果荚打开了，无数小种子从里面飞出来，随风飘去。

问题：

（1）这些种子，它们又将飞到哪里去？又将经受些什么考验呢？（生命是个循环往复的过程）

（2）生命的成长容易吗？我们应该怎么做？

（3）每个孩子的成长容易吗？我们可能会遇到哪些挫折？我们该怎么做？

【板书设计】

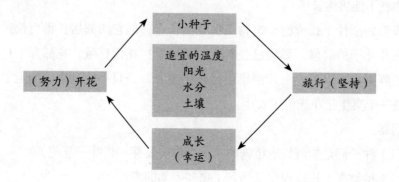

《枫树上的喜鹊》教学案例

龙新琼

【教材分析】

这篇课文是部编版语文教材二年级下册第四单元的第二篇课文。《枫树上的喜鹊》是一篇童话故事，课文讲述"我"喜欢看村子渡口旁枫树上的喜鹊窝，把喜鹊称为喜鹊阿姨，把小喜鹊称为喜鹊弟弟，把它们相互的叫唤想象成唱歌、做游戏、学习和语言交流，表达了"我"喜爱喜鹊一家的情感。课文语言简朴，充满童真童趣，特别适合二年级学生阅读学习。这篇童话与众不同的地方在于用第一人称穿插叙述的方式，把一个孩子带着童真、童趣的眼睛去看待周围事物的画面展现在我们眼前。这样能够巧妙地把小读者带入情境当中，使小读者身临其境地复述故事情节，达到在童话复述过程中培养和激发学生丰富的想象力的目标，有助于学生语言运用表达能力的提高。

【教学目标】

1. 能借助汉语拼音，正确朗读课文。

2. 默读课文，能说出"我"喜欢的是什么，感悟"我"对喜鹊一家的喜爱之情。

3. 能根据提供的情境，仿照课文表达的内容与形式，尝试把自己想象的内容写下来。

【教学重难点】

重点：默读课文，能说出"我"喜欢的是什么，感悟"我"对喜鹊一家的喜爱之情。

难点：能根据提供的情境，仿照课文表达的内容与形式，尝试把自己想象的内容写下来。

【教学准备】

PPT演示文稿。

【课时安排】

2课时。

【教学过程】

（一）创设情境，引"喜之趣"

1. 听物声音，猜物语言

导语：上课前我想跟大家分享一件我经历的事。那是一个星期五的早上，我在学校门口遇到了一只小鸟，瞧，就是它（PPT出示），奇怪的是它并不怕我，一直盯着我，我也盯着它，它时不时晃动一下脑袋，我猜它是在跟我说："早上好！"后来它对着我叽叽喳喳地叫了几声，我猜它在说："再见！"同学们，在生活中你们有没有像老师一样的经历，去听过小动物的叫声，猜过它们说什么？现在听老师播放动物的声音，大家来猜一猜动物对我们说了些什么。

师：听，最后一个动物声音，是谁在叫？

生：喜鹊。

师：对啊，是喜鹊。

师：谁愿意当讲解员，来介绍小喜鹊？

生：喜鹊有黑色和白色的羽毛。

师：是的。同学们，喜鹊又叫报喜鸟，喜鹊喳喳叫，好事就来到。同学们，今天我们继续来学习有关喜鹊的这篇课文——《枫树上的喜鹊》，请同学们齐读课题。

2. 填词忆文，承上启下

（1）我们村的（渡口）旁有一棵枫树，我很喜欢它。它又高又大，（绿荫）把村里的渡口都（遮蔽）了。枫树上有一个喜鹊的窝，我喜欢极了，便（撑船）到对岸，站在枫树下抬头看喜鹊，还亲切地称呼他们喜鹊阿姨和喜鹊弟弟。每天，当太阳从（山冈）后面升上来时，喜鹊阿姨站在枝头喳喳叫，我都能（听懂）她的语言，也懂得喜鹊弟弟给出的（答案）。

（2）回顾上节课学习的内容："我"喜欢的是什么，指名回答。

（二）品读文本，找"喜之物"

1. 学习课文第5~12自然段

（1）"我"这么喜欢喜鹊，都讲了喜鹊哪些有趣的事呢？请同学们默读课文第5~12自然段，找出"我"都看见了什么？请用"———"画出来；找出"我"听见了什么？用"~~~~~"画出来；找出"我"想到了什么？用"△"画出来。

（2）学生小组交流，小组代表汇报："这部分讲了喜鹊阿姨站在窝边教喜鹊弟弟唱歌、做游戏、学拼音、认识太阳这些趣事。"

（3）引导体会：喜鹊阿姨对孩子的关心、爱护，感受喜鹊阿姨的辛苦、喜鹊弟弟的快乐和幸福。

2. 学习朗读排比句

（出示：我看见喜鹊阿姨站在窝边，一会儿教喜鹊弟弟唱歌，一会儿教他们做游戏，一会儿教他们学自己发明的拼音字母……）

（1）喜鹊阿姨只做了三件事吗？从哪儿知道的？

（2）喜鹊阿姨还可能会教喜鹊弟弟做什么？

（3）说话练习。

（出示：喜鹊阿姨一会儿……一会儿……一会儿……）

（4）请学生用"一会儿"把想象到的情境串联起来说一说。

（三）体悟童话，品"喜之情"

1. 齐读课文第6~8自然段"学拼音"部分，想象喜鹊语言的意思

过渡：你们真是一群会学拼音的小喜鹊！听，课文里的小喜鹊开始学拼音了，我们来看看他们学习拼音是不是和我们学习拼音是一样的情景。

（1）出示句子：

"鹊！鹊！鹊！"喜鹊阿姨教道。

喜鹊弟弟也跟着学："鹊，鹊，鹊……"

（2）入情入境地朗读。男女生合作分角色朗读，想象小喜鹊咿呀学语时的样子。

师：想象喜鹊阿姨在教什么，小喜鹊在学什么？（学拼音）

喜鹊阿姨还会教什么呢？

（3）师提示：结合自己的生活实际，根据喜鹊的生活习性进行想象，学生想到了学数学、学唱歌、学跳舞等。

（4）观察标点——省略号，从省略号这个标点符号想象喜鹊弟弟为什么读了这么多的"鹊"。

（5）小结：同学们，其实在某种情况下标点也可以是语言，比如我们今天学的这篇课文中的省略号就是语言，不过需要我们的想象参与，所以在朗读时我们不仅要想象画面，还要注意语句的标点哟！

2. 小组合作学习课文第9～12自然段"看日出"部分

（1）出示合作学习要求：小组分角色练习朗读第9～12自然段。组内分配朗读内容。

（2）出示句子，请小组对读，上台展示读。

（出示第一句："鹊！鹊鹊鹊？"）

（3）提示：读好感叹号和问号，问号末语调上扬。

（出示第二句："鹊！鹊鹊！鹊鹊鹊！"）

（4）提示：根据三个感叹号，读出节奏，读出喜鹊弟弟的快乐。

（5）全班合作表演读第9～12自然段。

（四）创意表达，写"喜之境"

师：同学们，作者的想象力真丰富！其实只要我们留心观察身边的事物，大胆想象，也能像作者一样懂得动物的语言。老师给予你们魔力，插上想象的翅膀，和喜鹊对话吧！

（1）出示课后练习：

我看见喜鹊阿姨找了一条虫子，站在窝边。喜鹊弟弟一齐叫道："鹊！鹊！鹊鹊鹊！"

我懂得，他们的意思是："＿＿＿＿＿＿＿＿＿＿＿＿＿＿＿＿＿＿。"

喜鹊阿姨把虫子送到喜鹊弟弟嘴里，叫起来："鹊，鹊，鹊……"

我知道，她是在说："＿＿＿＿＿＿＿＿＿＿＿＿＿＿＿＿＿＿。"

（2）小组互相探讨答案。

（3）指名学生。

（4）填写想到的内容。

（五）延伸课外，续"喜之悟"

（1）把课文中的故事讲给你喜欢的人听。

（2）仿照"学拼音"或"看日出"续编故事。

【板书设计】

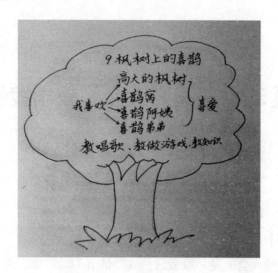

《动物王国开大会》教学案例

黄　钿

【教材分析】

《动物王国开大会》是一篇童话，故事情节生动有趣。课文讲了动物王国要开大会，老虎让狗熊通知，狗熊在狐狸、大灰狼、梅花鹿的提醒下，一次又一次才把通知说清楚、说完整。

全文篇幅很长，共有18个自然段，配有5幅插图。对于一年级的学生来说，要读好这么长的一篇课文，有一定的难度。不过好在这篇文章层次清楚，故事情节有一定的重复性，插图设置多，有助于学生的学习。因此，教学时要利用好童话情节反复的特点，借助课文插图，图文对照着读通课文，读懂故事内容，并借助丰富多彩的学习活动使学生在读童话—品童话—讲童话—演童话中感悟语言的魅力，了解讲话的要领，明确发布通知时要说清时间、地点等要素。

【教学目标】

1. 认识"物、虎"等13个生字和"牛字旁"，会写生字"舌"。

2. 能够正确、流利、有感情地朗读课文，了解课文主要内容。利用插图复述故事。

3. 了解发布通知时要把通知六要素说清楚。

【教学重难点】

重点：能读懂故事内容，利用插图、板书等复述故事。

难点：了解通知要说清楚时间、地点等六要素。

【教学准备】

PPT课件、动物头饰。

【课时安排】

1课时。

【教学过程】

（一）创设情境，兴趣引路

1. 播放配乐，引入课题

师：同学们，今天我们来讲个故事，故事发生在一个美丽的地方，这里树木茂盛，鲜花盛开，到处都是动物们的欢声笑语。（出示图片）

（板书：动物王国）

2. 学习生字"物"

认识新部首牛字旁，它是牛字旁，因为右边来了新朋友，长横改为提，互相谦让的两个朋友在一起就更和谐了。齐读"动物王国"。

（二）梳理情节，读懂童话

（1）过渡：我们都知道小动物们分别住在森林的各个地方，那动物王国要开大会，得先做什么才能让小动物们都知道这个消息？（发通知）

（2）整体感知课文，思考：文中出现了哪些动物？谁在发布通知？一共发布了几次通知？

① 学生自由读文。

② 同桌交流。（狗熊在发通知，请大家来开大会；一共发布了四次通知）

③ 师生交流。

④ 教师适机把动物图片贴在黑板上。边出示边教学生字词：动物、狗熊、老虎、大灰狼、梅花鹿等词。

⑤ 学习"虎"字：出示"虎"字的字理演变图；用"虎"扩词。

⑥ 学习"熊"字：部件组合记忆生字；用"熊"组词、造句。

（三）品读文本，体悟童话

1. 出示课文插图一

引问：图上画了什么？它们在说什么呢？学习第1～4自然段。

（1）教师引学：自由读课文第1～4自然段，请你用波浪线画出狗熊说的话，用横线画出狐狸说的话。再和同桌分角色读一读。

（2）出示狗熊和狐狸说的话。（指导朗读，读出狗熊的憨厚和可爱，狐狸的语重心长）

引问：狗熊说的话有什么问题？狐狸说的有道理吗？（狗熊发布通知时

没说时间，狐狸提醒了他）

2. 出示课文插图二

引问：图上画了谁？猜一猜狗熊这次能把通知说清楚吗？学习第5～10自然段。

（1）指名分角色朗读第5～10自然段，找出狗熊和大灰狼说的话。

（2）教师导学：和同桌交流一下，这次狗熊的通知说清楚没？动物大会能开成吗？大灰狼说的话对吗？（狗熊没说清楚具体时间，动物大会还是开不成，大灰狼说的有道理）

（3）小组分角色朗读课文，你想对狗熊说些什么？

3. 出示课文插图三、四

引问：狗熊再次请示"森林之王"老虎，这次发布通知后又遇到了梅花鹿，小朋友们猜猜梅花鹿会对狗熊说些什么。学习第11～16自然段。

（1）同桌轮流读第11～16自然段，思考这次的问题出在哪里。（这次狗熊没说清楚地点）

（2）多媒体出示狗熊说的话，引问：你能帮助狗熊把通知说清楚吗？（学生自主帮助狗熊加上一个表示地点的词语，如森林公园、森林广场、狗熊家门前等。）

4. 出示课文插图五

引问：你能用一句话说说图上画了什么吗？动物王国的大会开成了吗？学习第17～18自然段。

齐读第17～18自然段，你找到狗熊这次发布的通知了吗？

5. 对比出示狗熊发布的四次通知，让学生比较辨析，明了"通知"的基本写法

（1）学生比较，小组交流。

（2）教师及时总结。

随文认识"准"字："准"是左右结构，"准时"就是按时。经过大家的帮助，狗熊发布的通知一次比一次清楚，第四次通知终于把时间、地点说清楚了，让大家准时参加大会。看来，要通知一件事情把具体时间、地点说清楚非常重要。

PPT出示通知要素小儿歌（师读、齐读）：

要读懂通知，请找六要素：

时间、地点、事件、参加人，

最右下两行，别忘了还要

看清楚通知人和通知时间，

找准六要素，通知没难度。

过渡：只有把这六要素说清楚，才能把通知内容说清楚，才不会白费口舌。（顺势学习"舌"，引导学生发现长横的位置和写法。第一笔不要写成横。教师示范写，学生练习书写）

（3）出示课后的通知。你能找到通知里的信息吗？

PPT出示：

通知

本周五早上八点，请参加运动会入场式的同学，在教学楼门前集合。

少先队大队部

2016年4月20日

① 让学生评评这则通知写得怎么样？

② 填写通知六要素。

（四）创意表达，延伸课外

1. 课件再次出示本文五幅插图

师：同学们，你们能根据插图把故事复述一遍，讲给其他同学听吗？

（1）先自己试一试，遇到困难可以请老师帮忙。

（2）连贯复述，全班展示。

2. 小组分配角色，全班表演展示

（1）先在小组内商量，分配角色，明确分工，想好台词。

（2）结合故事情节与动物特点加上恰当的动作。

（3）小组佩戴头饰表演，全班展示。

3. 总结

师：大家的表演真精彩，老师还以为这里就是动物王国呢！请大家评出最佳表演奖。

【板书设计】

17 动物王国开大会

老虎   ↓   狗熊（通知）

　　/ ↑ \   （时间 地点 人物 事件）

狐狸 大灰狼 梅花鹿

《蜘蛛开店》教学案例

张苑妮

【教材分析】

《蜘蛛开店》是一篇童话故事，通过讲述蜘蛛开店的故事，巧妙地介绍了河马嘴巴大、长颈鹿脖子长和蜈蚣有42只脚等有关动物的小知识。故事生动有趣，语言诙谐幽默，插图形象逼真，能充分激发学生阅读童话的兴趣，培养想象力，适合趣味朗读、迁移运用语言。

对于低学段的学生来说，字、词、句教学是学习的重点。所以在教学中，可以通过字理识字和生活识字，来帮助学生理解课文中难理解的字和词，提高学习兴趣，培养识字能力，同时促进学生的思维发展。

教学时，引导学生梳理故事情节，抓住关键词语，助力复述情节；发现故事的反复结构，迁移运用，趣味讲演；发散思维，续编故事。

【教学目标】

1. 通过生活和字理识字，认识"店""寂"等15个生字；借助图片和顺口溜，写好"商""店"2个生字。

2. 正确、流利地朗读课文，借助示意图梳理故事情节。

3. 细读"蜘蛛卖口罩"的情节，借助示意图和关键词语把内容讲清楚、讲完整；初步发现故事的反复结构，复述卖围巾、卖袜子的情节。

4. 培养学生的想象能力、续编故事的能力及讲述故事的能力，能把故事内容讲清楚、讲完整、讲有趣。

【教学重难点】

重点：能借助示意图和关键词语把故事讲清楚、讲完整、讲有趣。

难点：初步了解童话故事的反复结构。

【教学准备】

PPT课件、词语卡片。

【课时安排】

1课时。

【教学过程】

（一）创设情境，兴趣引路

1. 出示PPT课件

出示"蜘蛛房前结网忙""一只蜘蛛从网上垂下来，逃走了"。（蜘蛛）

2. 教学第1自然段

（1）出示第1自然段，指名学生。

（2）随文识字"寂""寞"。关注字形（都有宝盖头）。宝盖头是指房子。"寂"表示没有声音，"寞"表示没有人，合在一起是孤孤单单的意思。

（3）配乐朗读，指导读出蜘蛛的孤独和寂寞。

3. 揭示课题

（1）小蜘蛛决定干一件大事——开店。

（2）联系生活，识记"商店"。

（课件出示：书店、药店、水果店。）

① 商店里卖的书籍、药品、水果，都叫作"商品"。（出示词卡）

② 买商品的人是"顾客"。（出示词卡）

③ 卖商品的地方是"商店"。（出示词卡）

（3）指导书写"商""店"。

（二）梳理情节，读懂童话

1. 自读课文，初步感知

出示任务：

（1）读一读。

自由朗读课文，读准字音，读通句子。

（2）画一画。

① 蜘蛛想卖什么？用"———"画出来。

② 哪些顾客来了？用"～～～"画出来。

（3）说一说。

蜘蛛想卖（　　），（　　）来了。

2. 梳理情节，编制示意图

（1）结合问题［蜘蛛想卖（   ），（   ）来了］，自由梳理故事情节。

（2）学习"罩"。

（出示图片，结合字理学习"罩"。"罒"指"网"，"卓"意为"高"。古时候"罩"字表示"从高处落下的网"。）

（3）根据学生交流，适机板贴关键词，形成一张示意图。

（4）借助板贴示意图，了解故事大意：蜘蛛开店想先卖口罩，河马来了；第二次开店，蜘蛛想卖围巾，长颈鹿来了；第三次开店，蜘蛛想卖袜子，蜈蚣来了。

（三）品读文本，体悟童话

1. 精读"卖口罩"，趣味复述

（1）蜘蛛为什么想到卖口罩呢？

出示第2自然段，全班读。（口罩织起来很简单）

（2）蜘蛛是怎样写招牌的？

出示第3自然段，全班读。（口罩编织店，每位顾客只需付一元钱）

（3）如果你是"蜘蛛老板"，你期待的顾客是谁？为什么？

（我想把口罩卖给小蛇，因为小蛇嘴巴小，织起来很简单；我想把口罩卖给小蜜蜂，因为小蜜蜂嘴巴小，织起来很简单……）

（4）小结：小蜘蛛编织的口罩，卖给小蝴蝶，只需付一元钱；卖给小蜜蜂，只需付一元钱；卖给小蜗牛，只需付一元钱，多便宜、多简单的标价，赚这一元钱确实很容易。

（5）出示河马图片，说说看到这位顾客时，你的心情如何。（担心、害怕、惊讶、后悔……）

师：为什么蜘蛛会有这样的心情？（河马嘴巴太大了，口罩要织很长时间，肯定会累坏的）

（6）女生读第4自然段，体会蜘蛛看到河马时的心情。

（7）男女生合作读"卖口罩"部分。

（8）借助示意图和关键词，复述"卖口罩"部分。

（出示要求：讲完整、讲清楚。）

2. 通过学习"卖围巾""卖袜子"，发现反复结构，趣味复述

（1）默读蜘蛛"卖围巾""卖袜子"部分，想一想这两个情节和"卖口罩"有什么相同之处。

对照黑板上的情节思维导图，比较课文里的三个情节，引导学生发现每个情节都包含"开店挂招牌—来了意外的顾客—结果"三部分，体会童话的"反复"手法。比较课文中出现的相同的句段，牌子上的内容相似，这也是"反复"。

（2）利用课文结构反复的特点，借助示意图和关键词，进行复述。

（四）创意表达，延伸课外

（1）根据童话结构续编：卖什么—写招牌—顾客来了—结局怎样。

（2）通过改变经营方式来展开想象，如：

① 改变经营品种——同时卖口罩、围巾、袜子等很多东西。

② 改变计价方式——卖口罩，按大小计价；卖围巾，按长短计价；卖袜子，可以按只计价。

③ 改变生产方式——招聘合作伙伴，共同分担任务。

【板书设计】

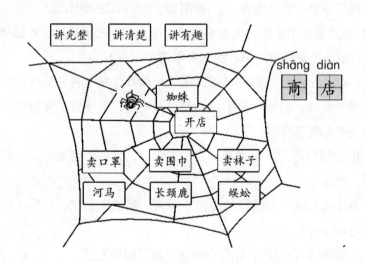

《亡羊补牢》教学案例

向东华

【教材分析】

《亡羊补牢》是统编版语文教材二年级下册第五单元《寓言二则》中的第一篇。寓言故事情节简单有趣，都把深刻的道理寄寓在短小的故事之中，给人启发与教育。《亡羊补牢》讲的是一位养羊人，第一次丢羊后街坊叫他修羊圈，堵窟窿，养羊人认为羊已经丢了，不用修羊圈。第二天他又丢了羊，才后悔没有听街坊的劝告，于是赶快动手把窟窿堵上，把羊圈修好，从此他的羊再也没有丢过。这则寓言告诉我们，一个人做错了事，只要肯接受意见，认真改正就不算晚。现实生活中亡羊补牢的人其实有很多，这则寓言具有很强的现实意义。

【教学目标】

根据寓言的文体特点，通过反复诵读，读通寓言，读出感情；读懂寓言，体会道理；读透寓言，举一反三。

【教学重难点】

习得"读通、读懂、读透"的学习方法。

【教学准备】

准备角色扮演头饰。

【课时安排】

2课时。

【教学过程】

（一）复习旧知，引入新课

师：同学们，你们学过寓言故事吗？今天，老师带来一些图片，看看你

们能不能准确地说出这是什么寓言故事，并说说其中的道理。（出示课件）

师：是的，寓言就是通过一个小故事来说明一个大道理的文章。

师：同学们可真聪明，那老师就给你们讲一个寓言故事作为奖励。这个寓言故事的名字叫"亡羊补牢"。（板书：亡羊补牢）

（二）读——初读感知，习得方法

（1）教师示范读，读准字音。

（2）学生自读课文，读懂课题。

师：谁能说说"亡""牢"的意思？"亡羊补牢"又是什么意思呢？你们看，这样一个故事只用了四个字就概括了，多么精练呀，这就是我们中国语言文字的力量和魅力所在，真了不起！

（3）再读故事，感知结构。

指名朗读。思考并说说这个故事的起因、经过和结果。

起因：养羊人的羊圈破了，丢了一只羊。经过：他不听街坊的劝告，又丢了一只羊后，修补了羊圈。结果：再也没丢过羊。

（三）思——提出质疑，品味对话

1. 小组读文，提出问题

同学们要一边听，一边思考你能提出什么问题。

2. 学生质疑，学生答疑

互相提问，解答疑惑。

3. 角色扮演，活化形象

同学们扮演养羊人，教师扮演街坊。教师问："牧羊人，你怎么满面愁容啊？"学生完整回答。教师："那你赶快把羊圈修一修、补一补，把这个窟窿堵上吧。"

——街坊为什么这么说？多好的邻居、多热心的邻居呀！他是真真实实地为养羊人着急，非常诚恳。谁来读读街坊说的话。

——"羊已经丢了，还修羊圈干什么？多此一举。"课件出示养羊人说的话。你们看，这是什么句型？什么意思？是牧羊人同意街坊提出的建议吗？他觉得街坊说的话是多余的，根本不领情。你能读出这种感觉吗？

——女生扮演街坊，男生扮演养羊人。

过渡：我们从一只羊的角度去想一想："你现在是一只小羊，你同意牧羊人说的话吗？"为什么羊又少了一只？

我们从一只狼的角度想一想："你看到窟窿并没有补上，又可以吃到美味可口的羊，你会怎么想？"

4. 推己及人，对比变化

丢了两次羊之后，想象一下养羊人会是什么样的心情，他会怎么想，怎么做呢？请大家自由朗读第5自然段，在相关的词句下面画上横线。

——大家提出了很多的问题，老师也有一个问题：养羊人是一个什么样的人？大家说的时候，需要有理有据。在书中找依据，小组内讨论。

——体会关键词语。从"赶快"和"结结实实"能体会到什么呢？

（四）听、说——复述课文，想象补白

1. 结合板书，复述故事

注意按照起因—经过—结果的顺序复述。

2. 再读课文，体会寓意

如果你是这个养羊人，你会对大家说什么？

——要乐于听别人的意见。做错事要及时补救，就可以避免继续犯错，遭受更大的损失。

（五）写——由此及彼，读透寓言

1. 看故事，悟道理

观看动画《战国策·亡羊补牢》。

2. 听故事，写感受

听一篇文章《一个小村庄的故事》，学生谈一谈感受，在我们的生活中可能也有相似的人和事，也许就发生在我们自己身上。

3. 明道理，知行动

这些都告诉我们，出了问题只要及时想办法补救就不会晚，所以，有一句话是这样说的，"亡羊补牢，未为迟也"。在生活中发现问题并不可怕，只要我们积极想办法去解决问题，就能及时挽救，让自己获得成长。

（六）拓展词句，举一反三

亡羊补牢，未为迟也。

防微杜渐、未雨绸缪、防患于未然。

【板书设计】

《守株待兔》教学案例

欧阳凌洁

【教材分析】

《守株待兔》是部编版语文教材三年级下册寓言单元的开篇课文，也是课文中入选的第一篇文言形式的寓言。课文选自《韩非子·五蠹》。课文主要通过描写一个宋国的种田人无意中在树下得到一只死兔子，从此守着树桩等兔子撞死的可笑行径，告诉人们不要不劳而获，不要存在侥幸心理，要靠自己的劳动去创造美好生活的道理，同时也告诫人们不要把生活中的偶然事件当成必然事件。课文篇幅短小，用陈述性的语言交代了宋人守株待兔这件事的起因、经过、结果。内容平实易懂，语言精练但耐人寻味，事件虽小但蕴含的道理却很深刻，给人以警醒。

【教学目标】

1. 根据寓言的文体特点，通过"听、说、读、写、思"等一系列语文实践活动，继而读通寓言、读懂寓言、读透寓言，获得寓言学习的方法。

2. 通过《守株待兔》的学习，引领孩子由阅读一则寓言走向阅读《韩非子》整本书，达到破一卷和破万卷并举。

【教学重难点】

习得"读通、读懂、读透"寓言的学习方法。

【教学准备】

学习单，《韩非子》。

【课时安排】

1课时。

【教学过程】

（一）激活旧知识，自主复述寓言

1. 出示图片，认识韩非子

师：亲爱的同学们，有谁认识这个人？

有一些同学可能不认识韩非子，但他可是战国时期有名的"故事大王"，他讲的故事你们一定知道。

（出示：《郑人买履》《自相矛盾》《滥竽充数》。）

师：这些都是寓言故事，寓言是假的，但它告诉我们的道理却是真的。

2. 基于经验，复述故事

师：今天我们就一起学习《守株待兔》（板书课题）。这个故事大家都听过，谁来用自己的话给我们讲讲？

两个同学都讲得非常好，当然我们要学会倾听，他们能够讲得清楚明了，是因为抓住了故事的一些重要元素。比如，讲故事首先要把握故事的什么？

人物、情节、关键语句，每个故事往往有最关键的部分，如守株待兔，引起田地荒芜的关键语句是……

大家试试，任何故事，只要抓住了人物、情节、关键语句，就能把故事讲清楚。

（二）初读文本，读通寓言

1. 学习方法，读通寓言

师：我们看这个古文故事，大家说说我们学习古文积累了哪些方法？

生：结合注释法、插图法、联系上下文法。

师：你们个个都是爱读书的孩子，请打开课本认认真真把小古文读几遍，努力把它读通读顺，读出韵味。

2. 教师示范，读出韵味

刚刚两名同学达到了通顺的程度，但古文还要读出韵味来，正如朱熹所说："吟咏不足，不如手之舞之，足之蹈之。"老师也想来读读。

3. 学生挑战读，体会关键语句

师：谁来读读，挑战读。现在读这个古文故事有问题没？（填空读）填写的这两句就是这个故事的什么？（关键语句）

守株待兔

宋人有耕者。田中有株。兔走触株，折颈而死。____，____。兔不可复得，而身为宋国笑。

师：今天课堂产生了第二个故事，是个古文故事。以后我们讲《守株待兔》，既可以讲白话文，也可以讲古文。

（三）潜心会文，读懂寓言

1. 轻声读课文，结合注释理解句意

略。

2. 交流理解

（1）交流第一句：

师：谁读懂了第一句话？指名学生：先读原句，再说意思。（评价：非常正确）

过渡：在这句话里有个"走"。

（出示：兔走触株，折颈而死。）

师："走"是什么意思？（跑）

（出示：百兽见之皆走、儿童急走追黄蝶。）

（2）小结：这些"走"都是跑的意思，看来这个字古今意思差别很大。

（3）想象画面。

师：我们想一下，当这个种田人捡到兔子以后，他是怎么做的呢？（指名学生读句子，问什么意思）这里面有个"复"字，"复"是什么意思？

（出示：因释其耒而守株。）

师：种田人放下手中的农具正是这个原因，"因"后面要停顿，齐读："因释其耒，而守株。"

第一天过去，第二天，这个种田人还是____释其耒而守株，冀复得兔。

一个星期过去了，一个月过去了，这时候他的庄稼已经枯死了，他却依然____释其耒而守株，冀复得兔。

寒来暑往，整整一年过去了，亲人朋友都对他失望极了，他仍然____释其耒而守株，冀复得兔。

师：像他这样什么也不做，满脑子都是兔子来撞死，你能用 个四字词语来形容吗？

3. 再现场景，想象补白

想象七彩笔：

请你发挥想象：当种田人释其耒而守株，他的亲朋好友会有什么样的神态、动作，会用什么话语劝说呢？请你选择白话文或古文方式，写一写。

> 亲朋好友有的（神态、动作），有的（神态、动作），有的语重心长劝他（语言），更有人义正词严地告诫说：（语言）。
>
> 亲朋好友，劝其有之，责其亦有之，天下人谓之曰：_____。

（四）回溯出处，读透寓言

师：通过想象补白，我们有了第三个故事，韩非子为什么要讲这样的故事呢？让我们走进《韩非子》原文里读一读，请看画线的部分。

> **守株待兔**
>
> 宋人有耕者。田中有株。兔走触株，折颈而死。因释其耒而守株，冀复得兔。兔不可复得，而身为宋国笑。<u>今欲以先王之政，治当世之民，皆守株之类也。</u>

韩非子用一个寓言故事娓娓道来，谈治国道理，既避免了直接叙述引发质疑，又给听者想象空间。古人讲故事是多么有艺术，《韩非子》中的故事多么有意思。

师：韩非子是战国诸子中最会讲故事的人之一，像这样的故事，在《韩非子》里还有很多，我们一起来看看。（出示《郑人买履》《自相矛盾》《买椟还珠》，用习得的方法学习三则寓言）

师：韩非子是战国诸子中最会讲故事的人之一。战国诸子都会讲故事，当时形势使得他们必须这样做。战国是一个智慧竞争、才华竞争、口才竞争的时代。在君主面前，你必须有犀利的语言、生动的比喻，你的观点才会被重视。在《韩非子》一书中，寓言故事就有300多个，读起来不感觉枯燥乏味。他的故事大到治国，小到修身，都会带给大家深刻的启示，值得我们用一生来品读。

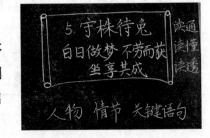

《揠苗助长》教学案例1

张 婷

【教材分析】

《揠苗助长》是部编版语文教材二年级下册第五单元第12课《寓言二则》的篇目之一，根据《孟子·公孙丑上》中的相关内容改写而成。故事情节简单有趣，把深刻的道理寄寓在短小的故事之中，并浓缩成常用的成语。《揠苗助长》讲的是古时候有个人巴望禾苗快速长大，就把禾苗一棵一棵往高里拔，结果禾苗都枯死了。以此告诫人们：不顾事情发展的规律，急于求成，反而会把事情办坏，具有现实意义。

【教学目标】

了解寓言的文本特点，通过"听、说、读、写、思"五步寓言学习法，能够读通故事，夯实基础；读懂故事，领悟寓意；读透故事，回归生活。

【教学重难点】

习得明白道理的方法：从讲读故事中厘清思路，从品读故事中感悟道理，从联系生活中明理延伸。

【教学准备】

教学课件。

【课时安排】

1课时。

【教学过程】

（一）谈话激趣，导入新课

师：同学们，你们知道寓言吗？你们读过寓言故事吗？你们喜欢寓言故事吗？

寓言是一个魔袋，袋子很小，却能从里面取出很多东西来，甚至能取出比袋子大得多的东西。我们书中的第12课有两则寓言，今天我们来学习其中一则。看看谁能从寓言魔袋中取得最珍贵、最丰富的宝物。

（板书课题，学生齐读课题。）（注意"揠"的读音。）

（二）听、读、说——读通故事，夯实基础

（1）自由朗读课文，读准字音。遇到不会读的生字可以圈起来，小组互相学习。

（2）默读课文，思考："揠苗助长"是什么意思？

（3）启发学生，结合课文理解"揠"的意思，并说说"揠苗助长"的意思。

（自由说或者联系课文找句子：一天，他终于想出了办法，就急忙跑到田里，把禾苗一棵一棵往高里拔。）

（4）根据问题，试着用自己的话说一说课文的大致内容。

（小结：一个完整的故事应由起因、经过和结果三个部分组成。）

（三）读、思、写——读懂故事，领悟寓意

1. 究因（起因）

师：要想把故事讲得生动有趣，老师可有好方法，分享给棒棒的你们——抓住关键词品味人物的心情，这样读起来就仿佛走进了故事里。请你们默读第1自然段，边读边圈画，看看种田人种了禾苗后是怎样的心情。

（1）引导学生抓住关键词，体会种田人焦急的心情。

（抓住"巴望""天天""一天，两天，三天""转来转去""焦急"等关键词，理解种田人着急、渴望的心情，引导学生想象画面，看到了什么？听到了什么？）

师：你们真是读书小能手！我仿佛看到了种田人着急的样子，听出了他着急的语气。下面老师写"十分焦急"的"焦"字，你们看下面的四点像什么？（学生自由想象）咱们中国的汉字多么有意思呀，能让我们产生许多联想。让我们追根溯源学习"焦"字。（一把烈火烧着一只鸟，多么让人焦急呀！点拨："灬"一般与火有关，拓展与"灬"有关的字词）

甲骨文　　楷体

（2）随堂指导书写。

师：我们再来读一读这一段，看谁能把他焦急的样子读出来。（学生读）我们读书就要一边读一边想象书中人的样子，一边读一边想象书中人的心声，这就叫读进书里去了。

2. 感悟（经过）

师：一天，两天，三天，时间一天天过去，禾苗好像一点儿也没长高，焦急的他终于想出一个办法，那就是——（预设生答：拔苗。）

他是怎么拔苗的？（创设情境，理解"筋疲力尽"）

（1）中午的太阳火辣辣的，花草树木都低垂着叶子，但是他（把禾苗一棵一棵往高里拔）。

（2）中午的太阳火辣辣的，晒红了种田人的脸膛，但是他（把禾苗一棵一棵往高里拔）。

（3）中午的太阳火辣辣的，汗如雨下湿透了他的衣裳，但是他（把禾苗一棵一棵往高里拔）。

他一直拔呀拔呀，累得手都（　　　），累得腰都（　　　），累得腿都（　　　）。这时候的他，用文中的一个词来形容就是——筋疲力尽。

师：此时，累得筋疲力尽的种田人，他的心情是怎么样的？（读第3自然段，指导读出他高兴、自豪、自以为是的语气）

3. 明理（结果）

（1）观看禾苗生长的视频，小组说一说种田人的禾苗为什么都枯死了。（总结：我们做任何事情都不能急于求成，如果违反事物的发展规律，反而会失败。）

（2）种田人看到一棵棵枯死的禾苗，他会怎么说？他以后会怎么做？请大家发挥想象写一写。

（3）拓展熟语，诵读积累。

心急吃不了热豆腐。

一口吃不成大胖子。

（4）小组角色扮演，表演故事。

（四）听、读、说——读透故事，回归生活

师：《揠苗助长》这篇寓言故事是我国古代大学问家孟子写的，只用了短短41个字。我们来听一听音频吟诵古文——宋人有悯其苗之不长而揠之者，茫茫然归，谓其人曰："今日病矣！予助苗长矣！"其子趋而往视之，苗则槁矣。

这篇古文距现在已经有两千多年了，我们尝试用文字与古人对话。我们一起来读一读小古文。

同学们既能读课文，又能读古文，真了不起。请你回家后把这个故事讲给家人听，并和他们一起说说生活中发生的类似的事情吧！

同学们，著名作家严文井先生说过："寓言是一个怪物，当它朝你走来时，分明是一个故事，生动活泼，而当它转身要走的时候，却突然变成了一个哲理，严肃认真；寓言是一座奇妙的桥梁，走过它，你的行囊里就装满了很多好东西，你也长大了，变得美丽了。"老师给大家推荐两本好书，一本是我国的《中国古代寓言故事》，一本是古希腊的《伊索寓言》，希望大家在快乐的书海里遨游、收获、成长！

【板书设计】

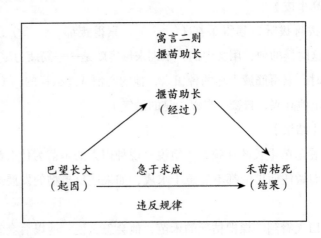

《揠苗助长》教学案例2

温锦线

【教材分析】

《揠苗助长》一文讲的是古时候有个人盼望禾苗长得快些，就把禾苗一棵一棵往上拔，结果禾苗都枯死了。这则寓言告诉我们：不顾事物发展的规律，急于求成，反而会把事情弄糟。学习本课要根据学生的心理认知特点，注意形象渲染，重视情境感受。

【教学目标】

1. 认识"焦"等3个生字，会写"焦"字，并理解文中"巴望""好像""焦急"等词语。

2. 把课文读准确、流利，能把故事讲给别人听。

3. 默读课文，能在读中悟出故事的寓意——做事不可急于求成。

【教学重难点】

正确、流利、有感情地朗读课文；默读课文，能在读中悟出故事的寓意，懂得做事不可急于求成。

【教学准备】

教学课件。

【教学课时】

1课时。

【教学过程】

（一）课前游戏

师：同学们好，我们一起来玩儿个游戏！请同学们站起来，现在同学们都是一颗小种子，米，和老师一起边读边做动作，老师读一句，你们跟着读一句，看谁的动作最优美！

我是一颗小种子，

春天，我吐出点点嫩芽，

夏天，我绽放鲜艳的花朵，

秋天，我结出累累果实，

到了冬天，雪花飘下，

我又到地里去沉睡……

快趴好安睡吧，看哪颗种子睡得最安稳。

（二）初步感知，整体感悟

1. 创设情境，揭题

师：种子们，该起来了！（播放课件，创设情境）孩子们，自然界中万事万物都有它变化的规律，年复一年，我们经历春夏秋冬；日复一日，看太阳从东边升起，西边落下；感受花开花谢，瓜熟蒂落，人们根据自然的规律春耕、夏耘、秋收、冬藏，享受自然的恩赐。

看，又是一年过去，春天来了，田里的禾苗绿油油的。（出示图片）看看图片，你观察到了什么？（有一个人在拔禾苗）你有一双会发现的眼睛。今天，我们要学习的就是这个种田人的故事，题目叫——揠苗助长。（板书课题，学生读题，注意读准字音，读出节奏）揠苗助长是什么意思呢？请同学们打开课本第122页，自由朗读一遍课文，看能不能在课文中找到答案，注意要把生字词读准确，读得不流利的地方多读几遍。

2. 初读课文，理解题意

师：课文读好了，现在谁能告诉老师这个"揠"字是什么意思？（拔）苗是指（禾苗），助就是（帮助），长是（生长/长高），连在一起就是揠苗助长的意思了，请你连起来说一说好吗？（把禾苗拔起来帮助它长高）真好！孩子们，你们看，有些词语我们可以一个字一个字地理解，然后再把它们连起来就是这个词语的意思了。看了这个题目，你有什么疑问吗？

种田人为什么要揠苗助长呢？请同学默读第1自然段，一边读一边想。

（三）抓住特点，把握新知

师：谁找到了？种田人为什么要揠苗助长？（因为他希望自己的禾苗长得快些/他的禾苗长得慢/他太急了）（板书：急）你从哪里看出来的？请你读一读。

找出第一句，理解词语"巴望"。

（1）"巴望"是什么意思，可以给它换个词语吗？（希望、盼望）巴望不仅是盼望、希望的意思，而且是眼巴巴地盼望着、希望着。那用巴望和用希望、盼望有什么不同呢？（巴望更能让我们感觉到种田人很想让禾苗快点儿长高的心情）对呀，每天都眼巴巴地盼望着，难怪天天都到田边去看。谁能把种田人的心情读出来呢？

（2）可是——（学生接读）一天，两天，三天，禾苗好像一点儿也没有长高。

禾苗到底长高了没有？（出示"禾苗好像一点儿也没有长高"，学生辩论）

学生说没有或不确定：请看这句话，（出示"禾苗一点儿也没有长高"，学生读）读了这句话，你觉得禾苗长高了吗？（没有）那课文是这样写的吗？（出示课文中的句子，对比读）你读出不一样了吗？

学生说有的：你从哪个词语读出来的？（同时出示两句话）你真会读书！其他同学也对比读一读，体会一下。

（点拨：加了"好像"就是有长高，但是长得慢，种田人看不出来，"好像"在这里不是比喻词，而是表示感觉不明显，说明禾苗不是没有长高，而是长得比较慢，让人感觉不到。）

（四）调动感官，多维巩固

师：看到这样的情景，种田人此时的心情是怎样的？（出示文段，指名学生）

（学生读："他在田边焦急地转来转去……"）这一句中，哪个词语最直截了当地说明了种田人的心情？（种田人很焦急）

（1）听老师读，并闭眼想象。

（2）表演：种田人此时的动作、表情会是什么样的？

（五）追溯字源，积淀文化

师：同学们，这个"焦"字是我们要求会认会写的生字。古时候它是这样写的，上面这个部分代表一只鸟，下面表示一把火，意思是指烧烤鸟兽，后来它就慢慢变成了现在的样子。现在你知道上面的这个"隹"字表示什么了吗？四点底代表什么呢？所以四点底的字，很多都与火有关。（点评要指向学习习惯，如"你很会听"）

现在请写一写这个字，同学们观察一下，写好它要注意什么？（从整体结构来说，上下结构，上宽下窄；了解"焦"字的演变过程，并知道汉字里面如果出现了相同的笔画，就讲究要有变化才为美，所以"焦"字的最后一横要稍写长，四点底的第一点向左，其余三点向右）

生自由书写（注意提醒学生坐姿与握笔方式），师巡视指导、投影点评。

师：孩子们来看一看他写的这个字哪个地方写得好，哪个地方还有不足。

学习习惯指导：我们要学会发现别人的优点，然后要是能再给他一点建议就更好了。

点评：

写得好：同学们看看，他写的这个字，上面"隹"字的四横间距匀称，最后一横还会稍稍写长一点儿，下面四个点的方向也写正确了，真不错！

写得不好：同学们看，他写的这个字，上面"隹"字的四横间距比较匀称，但是整个字写得有点儿大了，有点儿碰到边了，如果稍微写小一点儿会更好。

师：请同学们对照刚才老师说到的问题，在刚才写的那个字的旁边再写一个更漂亮的吧！

师：好，请同学们放下笔，小眼睛看投影。"焦"本意是指烧烤鸟兽，后来把它和"急"连在一起组成"焦急"，用来比喻心里急得像在火上烤一样。同学们，什么情况会让你感到焦急呢？谁能用焦急来说一句话。（指导学生说话的规范性）

（六）深入情境，共情体悟

师：看样子，生活中总是会发生很多让我们感到焦急不安的事情，而此时的种田人，正因为禾苗长得慢而焦急地转来转去呢！谁能把他的这种心情读出来？（指导学生读出种田人的焦急）

点评：

读得不好：这么慢！不够急！谁再来试一试？/你转得有点儿急了。/要是你转得再焦急一点儿就更好了，再来试一试吧。

读得好：从他的朗读中，老师感受到种田人真是急得没办法了！我们学着他的样子读一读！

种田人想出办法了吗？自由读一读第2、第3自然段，看看他是怎样做的？

种田人是怎样做的？（指名学生，指导说完整、有条理的话）谁能来和老师合作演一演?（指名学生）我读旁白,你表演,其他同学要注意仔细观察他的表情、动作,看他表演得像不像。

（学生评议。）

表演得好:怎么样?（好）赶紧给他掌声啊!你觉得他哪里表演得好?你太了不起了,连种田人说话时的样子都表演出来了,他是怎样说话的?（一边喘气一边说）能请你再表演一次喘气的样子给我们看吗?这个"喘"字是这节课的生字,我们用口来喘气,所以这个"喘"字是口字旁,表示跟口的动作有关。

表演得不好:你觉得他哪里表演得好?哪里还有不足?（同学们真会观察,还会思考）你能做个喘气的样子吗?一边喘气一边说……（学生表演读）这个"喘"字是这节课的生字,我们用口来喘气,所以这个喘字是口字旁,表示跟口的动作有关。

师:我们也可以通过朗读把种田人的样子读出来,可以边读边做表情、动作,看谁能把种田人展示在我们眼前?（学生读课文）

师:这两个自然段,还有一个要认的生字。（出示"截"字）这个字念什么?（指名学生）同学们还认识一些"截"的形近字吗?（载、裁、栽、戴等）这些字都带有一个相同的部件,（板书相同的部件）但是这个部件比较特殊,并不是这些字的部首,我们查字典的时候,要在戈字部里才能找到它们（标红戈部）。

师:同学们能给"截"字组组词吗?（提问不超过三个学生）

师:"截"字在课文里出现在哪个词语里?（一大截）种田人以为禾苗都长高了一大截,心里美滋滋的,但是他的儿子却不明白是怎么回事。请同学们来读一读第4自然段,看看结果怎么样了?（学生读书）

师:种田人的儿子看到这个情景,急急忙忙回家去告诉爸爸这个消息,种田人听了,马上跑到田边一看,呆住了,我昨天明明让禾苗都长高了一大截的,这怎么都枯死了呢?聪明的同学们,你们谁能告诉我这是怎么回事啊?（师生对话,说出寓意）

师:是的,禾苗的生长有它的规律,要慢慢来,种田人实在是太着急了!

（七）迁移运用,拓展提升

师:生活中,也有很多人像种田人一样做揠苗助长的事,记得老师小时候就做过这样的事,那时候我们家里种了好多花,我想让花儿开得快一些,就用手把花瓣掰开，第二天一看，花瓣反而飘落下来，枯死了。同学们，你们有没有做过或者看到过这样的事呢？谁来说一说。

总结：看样子，任何事物都有它自己的规律，如果违反规律，急于求成，反而会好心办坏事。

同学们，故事我们讲完了。这个故事虽然短小，但是它却告诉了我们一个深刻的道理——做事不能违反规律，急于求成！像这样的小故事我们就把它叫作寓言故事。（板书：寓言）简单来说寓言就是小故事、大道理！

《揠苗助长》这个寓言故事出自《孟子·公孙丑上》，它的原文是这样的：宋人有悯其苗之不长而揠之者，茫茫然归，谓其人曰："今日病矣！予助苗长矣！"其子趋而往视之，苗则槁矣。

原文只用了41个字就把课文差不多200字的故事讲完了，跟老师来读一读，（师带着学生读）老师考考大家，这个"病"对应文中的哪里？（累坏了）这个"槁"呢？（枯死）

同学们，这节课我们认识了一位做事急于求成的种田人，下节课我们要去认识另一位想要坐享其成的种田人，同学们可以先预习一下，下课！

【板书设计】

揠苗助长

不要急于求成

《杨氏之子》教学案例

谢 芳

【教材分析】

《杨氏之子》是一篇小古文，它选自南朝刘义庆的《世说新语》，讲述了梁国一户姓杨的人家九岁男孩机智巧妙地应答客人的故事。故事情节简单，语言幽默风趣。

【教学目标】

1. 正确认读本课的生字新词。

2. 能正确、流利地朗读课文，背诵课文。

3. 结合注释、联系上下文理解课文的意思。

4. 品味语言的精妙，体会杨氏之子的机智与幽默。

【教学重难点】

重点：正确、流利地朗读课文。背诵课文。

难点：能理解课文的意思，体会杨氏之子的机智与幽默。

【教学准备】

多媒体课件。

【课时安排】

1课时。

【教学过程】

（一）单元导入，引出课题

1. 导入揭题

师：在本单元的学习中，我们将认识到几位善于表达的人，看看他们是怎样巧妙运用语言的。我们先来认识第一位，他是谁呢？

2. 板书课题

（板书：杨氏之子）齐读课题。

3. 理解课题

（1）理解"氏"和"之"的意思。（指名学生，教师补充）

（2）课题"杨氏之子"的意思是什么？（杨家的儿子）

（3）学以致用：仿照课题介绍自己，我是"谢氏之女"，你是谁？（指名学生）

（4）介绍出处。

① 出示《世说新语》简介：这是一本主要记载汉末到晋代士族阶层言谈逸事的小说，分上、中、下三卷，共36篇文章。

② 今天我们学习的《杨氏之子》出自《世说新语》的第二篇。

（二）初步感知，读准节奏

（1）认读生字，检查预习。（指名学生、齐读）

（2）学生试读课文。

① 学生自读课文，给不认识的字或难读的句子做上记号。

② 指名学生，伺机纠正字音。重点指导读准多音字"为"和"应"。

课件出示：为（wèi）设果，儿应（yìng）声答曰。

（3）学生根据语感自己划分节奏，尝试读出节奏。

（4）出示正确的节奏划分，教师示范读，学生小声跟读，让学生初步掌握文言文声断气连的读法。（课件出示带节奏线的文本）

杨氏之子

梁国/杨氏子/九岁，甚聪惠。孔君平/诣/其父，父/不在，乃/呼儿出。为/设果，果/有杨梅。孔/指以示儿/曰："此/是君家果。"儿/应声答曰："未闻/孔雀/是夫子家/禽。"

重点练习："孔指以示儿曰"和"未闻孔雀是夫子家禽"（是"家/禽"而不是"家禽"）。

（5）学生根据节奏线齐读课文（伺机指导朗读）。

（三）方法引路，翻译文意

1. 回顾方法，自学理解

师：大家还记得理解古文可以运用什么方法吗？

总结：根据注释、插图、联系上下文等方法，理解每一句话的意思。

师：现在请大家根据这些方法，尝试自学理解课文的意思。

2. 合作学习，突破难点

（1）同桌合作学习，解决自学中遇到的难理解的字词意思。

（2）重点理解：甚、惠、诣、乃、曰、示、禽。

（3）指名翻译文章意思，伺机指导。

（四）感受机智，熟读成诵

1. 理解孔君平的话

（1）孔君平的言外之意是什么？为什么他单单指着杨梅说，不说其他水果呢？（孔君平看到杨梅，联想到孩子的姓，就故意逗孩子："这是你家的水果。"意思是，你姓杨，它叫杨梅，你们本是一家嘛！）（板书：杨梅——杨家果）

（2）这么巧妙的弦外之音杨氏子听出来了吗？（听出来了）你是从文中哪句话看出来的？（"未闻孔雀是夫子家禽"，杨氏子也拿孔君平的姓来反驳）（板书：孔雀——孔家禽）

2. 理解杨氏子的回答

（1）出示课文最后两句话（齐读），想想杨氏子的言下之意是什么呢？（如果说杨梅是我杨家的果，那么孔雀就是您孔家的鸟了。既然孔雀不是您家的鸟，那么杨梅又怎么会是我家的果呢？）

（2）如果孔君平这样跟你开玩笑，你会如何回答呢？（指名学生回答）

（3）我们的回答和杨氏之子相比，你体会到了什么？（杨氏子聪明，语言幽默、有礼貌）

3. 对比阅读，体会杨氏之子的机智

课件出示：

此是君家果。

未闻孔雀是夫子家禽。

（1）角色朗读，分别读孔君平和杨氏子的话。

（2）引导学生体会杨氏子的回答妙在什么地方。（孔君平拿杨氏子的姓氏和杨梅的"杨"字做文章，杨氏子用同样的方法拿孔君平的姓氏和孔雀的"孔"字做文章。这正是以其人之道还治其人之身，可见杨氏子"甚聪惠"）

4. 理解"应声答曰"的妙处

（1）从杨氏子巧妙的回答中，你觉得他是一个怎样的孩子呢？（他是一

个思维敏捷、机智、说话有礼貌的孩子）

（2）小结：杨氏子的回答是如此快速，如此巧妙，如此有礼，怪不得文章一开头就说了——（学生接读）梁国杨氏子九岁，甚聪惠。

5. 语言训练

（1）如果来访的客人姓黄，你觉得他会怎样回答？（未闻黄瓜是夫子家菜。）

（2）如果来访的君平不姓孔，也不姓黄，而是其他的姓，你会用自己的姓说一句吗？（指名学生说）

6. 多种形式朗读，练习背诵

（1）师生角色练读（教师扮孔君平，学生扮杨氏子）。

（2）师引读中心句，学生读后文。

（3）男女生比赛读。

（4）全班齐读。

（5）练习背诵。

（五）拓展阅读，好书推荐

（1）文中的杨氏子九岁已经如此聪慧，《世说新语》中还有一个九岁的徐孺子，故事中的他也是语出惊人。课件出示《徐孺子赏月》。

（2）同学们借助注释、联系上下文理解文意，说说徐孺子的语言中有什么智慧。（同学交流、指名回答。）

（3）《世说新语》这本书中有很多像杨氏子、徐孺子这样包含着聪明智慧的故事，老师推荐大家课后去阅读。

总结：希望同学们能在古人的小故事中感受语言的艺术魅力，并在生活中恰当地使用语言，让自己的语言更有智慧。

【板书设计】

21. 杨氏之子

——刘义庆《世说新语》

孔君平　　杨　梅——杨家果

杨氏子　　孔　雀——孔家禽（甚聪惠）

《精卫填海》教学案例

李玉霞

【教材分析】

本篇课文是中国神话故事的经典之作，这个故事围绕精卫日日夜夜填海展开，让我们充分感受到精卫坚强不屈、坚韧不拔的精神，这正是中华民族精神的象征。

【教学目标】

1.培养学生朗读小古文的兴趣，理解重点词语的意思。

2.正确流利地朗读课文，尝试背诵课文。

3.借助注释，用自己的语言将故事讲述出来。

【教学重难点】

重点：

（1）理解重点词语的意思。

（2）正确流利地朗读课文，尝试背诵课文。

（3）用自己的语言将故事讲述出来。

难点：培养学生朗诵古文的兴趣。

【教学准备】

PPT课件、视频等。

【课时安排】

1课时。

【教学过程】

（一）读——读通文本

1. 课前读，自主习

课前学生带着问题自读：

（1）读准字音，不认识的字可以通过查字典、查百度等方法扫清障碍。

（2）基本能把句子读通顺。

（3）不理解的地方做上记号或画出来。

（4）思考："精卫"在传说中还有很多别名，请你猜猜这些别名各自的含义是什么。

① 誓鸟：_____

② 冤禽：_____

③ 志鸟：_____

2. 课中读，句顺畅

（1）谈话导入。

（2）出示小古文：

《精卫填海》：又北二百里，曰发鸠之山，其上多柘木；有鸟焉：其状如乌，文首、白喙、赤足，名曰"精卫"，其鸣自詨。是炎帝之少女，名曰女娃。女娃游于东海，溺而不返，故为精卫。常衔西山之木石，以埋于东海。漳水出焉，东流注于河。

（3）简介出处、体裁——出自《山海经·北山经》，是中国上古神话传说之一。

《山海经》是中国古书中流传最早，风格最奇特的书，它分《山经》和《海经》两大部分。《山经》有南山经、西山经、北山经、东山经、中山经；《海经》包括海外南经、海外西经、海外北经、海外东经、海内南经、海内西经、海内北经、海内东经、大荒东经、大荒南经、大荒西经、大荒北经、海内经，一共十八卷。《山海经》原书共三万一千多字，里面包括的内容有地理、历史、神话、宗教、民族、植物、动物、矿产、医药等，《山海经》被称作中国上古科技史书。

（4）指导朗读：

① 教师示范读或播放朗读录音，学生听读小古文。

② 关注难读字词，显示字音：

又北二百里，曰发鸠（jiū）之山，其上多柘（zhè）木；有鸟焉：其状如乌，文首、白喙（huì）、赤足，名曰"精卫"，其鸣自詨（xiào）。是炎帝之少女，名曰女娃。女娃游于东海，溺而不返，故为（wèi）精卫。常衔西山之木石，以堙（yīn）于东海。漳水出焉，东流注于河。

③同桌互读：互纠互帮读准字音。

④小组内竞读，检查字词是否读准音，句子是否读流利。

⑤指名小组代表展示读，师生点评。

（5）流利地齐读小古文。

（二）译——译出文意

1. 看注释，解句意

（1）根据给出的注释，自己尝试读懂句子。（学生自主学习，效果会更好）

注释：

① 精卫：神话中鸟的名字。形状像乌鸦，头上有花纹，白色的嘴，红色的脚，传说是炎帝小女儿溺水身亡后的化身。

② 炎帝：传说中上古时期的部落首领。

③ 少（shào）女：小女儿。

④ 东海：浙江省东面的海。

⑤ 溺（nì）：溺水，被淹死。

⑥ 故：因此。

⑦ 堙（yīn）：填塞。

⑧ 衔：用嘴叼。

⑨ 喙：鸟兽的嘴。

⑩ 詨：呼叫。

（2）指导学生理解难懂的句子。

①小组交流：小组长组织成员说说句子意思。

②指名学生说一说句意，教师指正，帮助。

2. 指导说，解文意

（1）学生练习用自己的话逐句说一说古文故事。（指名学生）

（2）教师重点指导以下句子的理解：

①曰发鸠之山，其上多柘木。

有座叫发鸠的山，它的上边长着很多柘树。

②有鸟焉：其状如鸟，文首、白喙、赤足，名曰"精卫"，其鸣自詨。

在这座山上有一种鸟，它的形状像乌鸦，有花纹的脑袋，白色的嘴，赤色的脚，名字叫"精卫"，它的叫声很像自己在呼叫自己。

③常衔西山之木石，以堙于东海。漳水出焉，东流注于河。

精卫坚持衔西山的树枝和石块，决心用来填平东海。漳水河从发鸠山流出，向东一直流入黄河。

（3）出示译文，朗读加深理解。（学生读）

（最好是原文、译文对应，让学生一目了然每个句子的意思。）

译文：又（再）向北二百里，有座叫发鸠的山，它的上边长着很多柘树；在这座山上有一种鸟，它的形状像乌鸦，有花纹的脑袋，白色的嘴，赤色的脚，名字叫"精卫"，它的叫声很像自己在呼叫自己。这种鸟原本是炎帝的小女儿，名字叫女娃。女娃到东海去游玩，溺水淹死而没有返回，所以就成为精卫鸟。精卫坚持衔西山的树枝和石块，决心用来填平东海。漳水河从发鸠山流出，向东一直流入黄河。（然后再流入东海，衬托精卫填海路途遥远）

（4）我会讲故事。

尝试用自己的语言讲述《精卫填海》这个故事，注意故事的完整性。（同桌完成：全员动起来）

教师提醒，注意按顺序练习：

起因：女娃溺而不返。

经过：常衔西山之木石，以堙于东海。

结果：日复一日，年复一年，不屈不挠。

3. 悟人物，品形象

（1）讨论：精卫鸟是一只什么样的鸟？（板书：勇敢、坚持不懈……）你是从文中哪些句子看出来的？

①小组展开讨论。

②指名代表交流，其余同学补充。

③教师根据讨论小结、引导。

精卫：古代神话中的鸟名。精卫衔来木石，决心填平大海。旧时比喻仇恨极深，立志报复。后比喻意志坚决、不畏艰难、不屈不挠的精神。

句子：常衔西山之木石，以堙于东海。漳水出焉，东流注于河。

（2）你想对她说什么？（指名学生，同桌说）

（3）让我们带着对精卫的敬佩，再来走进课文，再次讲述这个动人的神话故事。（齐读）

4. 当堂练，加巩固

（1）解释下列词语。（指名回答）

① 其状如鸟：＿＿＿＿＿＿＿＿＿＿＿＿＿＿＿＿＿＿＿＿＿＿

② 赤足：＿＿＿＿＿＿＿＿＿＿＿＿＿＿＿＿＿＿＿＿＿＿＿＿＿

③ 溺：＿＿＿＿＿＿＿＿＿＿＿＿＿＿＿＿＿＿＿＿＿＿＿＿＿＿

④ 故为精卫：＿＿＿＿＿＿＿＿＿＿＿＿＿＿＿＿＿＿＿＿＿＿

（2）用简洁的语言概括故事的大意。（指名学生）

＿＿＿＿＿＿＿＿＿＿＿＿＿＿＿＿＿＿＿＿＿＿＿＿＿＿＿＿＿＿

（3）你如何理解人死化鸟填海的做法？（同桌交流）

＿＿＿＿＿＿＿＿＿＿＿＿＿＿＿＿＿＿＿＿＿＿＿＿＿＿＿＿＿＿

（4）完成预习问题："精卫"在传说中还有很多别名，请你猜猜这些别名各自的含义是什么。（指名回答）

① 誓鸟：＿＿＿＿＿＿＿＿＿＿＿＿＿＿＿＿＿＿＿＿＿＿＿＿

② 冤禽：＿＿＿＿＿＿＿＿＿＿＿＿＿＿＿＿＿＿＿＿＿＿＿＿

③ 志鸟：＿＿＿＿＿＿＿＿＿＿＿＿＿＿＿＿＿＿＿＿＿＿＿＿

（三）诵——诵读积累

1. 熟读文，讲方法

（1）再读古文，注意读出句子节奏。如（学生自读，同桌互查）：

① 又/北二百里，曰/发鸠（jiū）之山，其上/多柘（zhè）木。

② 是/炎帝之少女，名曰/女娃。女娃/游于东海，溺而不返，故为（wèi）精卫。

③ 常衔/西山之木石，以堙（yīn）于东海。漳水出焉，东流注于河。

（2）小组赛读。

2. 讲要领，悟中诵

（1）教师指导背诵技法。

从写法上和内容上去领悟，在理解的基础上背诵。

教师引导：

第一句："又北二百里，曰发鸠之山，其上多柘木。"这句交代了神话故事发生的地点和环境。

第二句："有鸟焉：其状如乌，文首、白喙、赤足，名曰'精卫'，其鸣自詨。"这句描写了精卫鸟的外形和名字的由来。

第三句："是炎帝之少女，名曰女娃。"这句说精卫鸟的出身和名字。

第四句："女娃游于东海，溺而不返，故为精卫。"这句写了精卫鸟名字的由来。

第五句："常衔西山之木石，以堙于东海。"这句话说它衔来西山的树枝和石块，飞到遥远的东方去填淹死它的大海。

第六句："漳水出焉，东流注于河。"从西山到东海，不远千里万里，说明精卫鸟不怕艰苦，顽强努力，为后人做好事，突出精神。

（2）逐句练习诵读。

①同桌一起练习朗诵。

②小组朗诵。

③全班朗诵。

（3）尝试背诵。

（四）拓——拓展阅读

1. 课内拓展：同体裁作品阅读

夸父逐日——《山海经》

夸父与日逐走，入日；渴，欲得饮，饮于河、渭；河、渭不足，北饮大泽。未至，道渴而死。弃其杖，化为邓林。

注释：

①逐走：赛跑。逐：竞争。走：跑。

②入日：追赶到太阳落下的地方。

③渴：他感到口渴。

④欲得饮：很想能够喝水解渴。

⑤河、渭：黄河、渭水。

⑥大泽：大湖。传说纵横千里，在雁门山北。

⑦未至：没有赶到。

⑧道渴而死：半路上因口渴而死去。

⑨弃：遗弃。

⑩邓林：地名，现在在大别山附近，河南、湖北、安徽三省交界处。邓林，即"桃林"。

全文翻译：

夸父与太阳竞跑，一直追赶到太阳落下的地方；他感到口渴，想要喝水，就到黄河、渭河喝水。黄河、渭河的水不够，又去北方的大泽湖喝水。还没赶到大泽湖，就半路渴死。他遗弃的手杖，化成桃林。

2. 学习方法

同上："读—译—诵"。

3. 读古文，答问题

（1）填空。

选文选自_____，从文体上看属于_____。

（2）解释下列词语。

逐走：_____

河、渭：_____

（3）翻译下列句子。

①夸父与日逐走，入日。

_____

②未至，道渴而死。

_____

（4）作为成语典故，"夸父逐日"常用来比喻_____。

（5）如何理解"弃其杖，化为邓林"的结尾？

_____

（6）从这个故事中，你看到了夸父哪些优秀品质？

_____

4. 总结、对比

这个故事与《精卫填海》一样，具有浓重的悲剧色彩，两个故事中人物的共同精神是什么？

_____。

5. 课外拓展：同主题作品阅读

阅读《愚公移山》，回答问题。

北山愚公者，年且九十，面山而居。惩山北之塞，出入之迂也，聚室而谋曰："吾与汝毕力平险，指通豫南，达于汉阴，可乎？"杂然相许。其妻献疑曰："以君之力，曾不能损魁父之丘，如太行、王屋何？且焉置土石？"杂曰："投诸渤海之尾，隐土之北。"遂率子孙荷担者三夫，叩石垦壤，箕畚运于渤海之尾。邻人京城氏之孀妻有遗男，始龀，跳往助之。寒暑易节，始一返焉。

河曲智叟笑而止之曰："甚矣，汝之不惠！以残年余力，曾不能毁山之一毛，其如土石何？"北山愚公长息曰："汝心之固，固不可彻，曾不若孀妻弱子。虽我之死，有子存焉。子又生孙，孙又生子；子又有子，子又有孙；子子孙孙无穷匮也，而山不加增，何苦而不平？"河曲智叟亡以应。

操蛇之神闻之，惧其不已也，告之于帝。帝感其诚，命夸娥氏二子负二山，一厝朔东，一厝雍南。自此，冀之南，汉之阴，无陇断焉。

（1）《愚公移山》选自＿＿＿＿＿，体裁是＿＿＿＿＿，作者＿＿＿＿＿，名＿＿＿＿＿，郑国人，战国前期＿＿＿＿＿家思想代表人物之一。

（2）愚公移山的原因是＿＿＿＿＿＿＿＿＿＿＿＿＿；目标是＿＿＿＿＿＿＿＿＿＿＿。（找出原文中的句子写下来）

（3）最能体现移山艰辛的句子是＿＿＿＿＿＿＿＿＿＿＿＿＿＿＿＿＿＿＿＿，表明愚公移山的决定被大家拥护的句子是＿＿＿＿＿＿＿＿＿＿＿＿＿＿＿＿＿＿＿。

（4）寓言故事《愚公移山》和神话传说《精卫填海》反映的一个共同主题是什么？＿＿＿＿＿＿＿＿＿＿＿＿＿＿＿＿＿＿＿＿＿＿＿＿＿＿＿＿。
（表现古代人民的愿望和顽强的毅力）

【板书设计】

精卫填海　勇敢顽强 ⎰ 坚强不屈　坚持不懈　坚韧不拔 ⎱ 挑战自然、征服自然的精神

《古人谈读书》教学案例

卢燕珊

【教材分析】

《古人谈读书》是部编版语文教材五年级上册第八单元的开篇课文。本单元以引导学生阅读为主题，而本篇课文从古人的读书方法和读书态度谈起，三则小古文依时间之序来编排：第一则出自《论语》，是春秋时期的孔子对于学习的看法；第二则来自宋代朱熹的名篇，介绍的是读书方法；第三则为清代曾国藩所作，告诉我们读书要有志、有识、有恒，并从正、反两方面加以论证，证明三者对读书人来说缺一不可，非常重要。

【教学目标】

1. 通过多种方法识记"耻""诲""窥"等9个生字，理解"知""识""厌"等字的古义。

2. 正确、流利地朗读课文，背诵第一则古文，能借助注释说大意，并联系自己的读书体会，谈谈《论语》中有关读书的句子对自己的启发。

3. 尝试使用快速阅读策略、概括总结等方法梳理信息，把握要点，加深对古文的理解。

【教学重难点】

背诵第一则古文，能借助注释说大意，并联系自己的读书体会，谈谈《论语》中有关读书的句子对自己的启发，梳理信息，把握要点。

【教学准备】

《导学案》、PPT课件、《论语》。

【课时安排】

1课时。

【教学过程】

（一）读——读通文本，初识文意

1. 忆读书法，引入课题

（1）同学们，在以往的学习中，你积累了哪些关于读书的方法？（交流快速阅读策略）

（2）在以往的学习中，你还积累过哪些与读书有关的名言名句？（交流读书名言，出示《观书有感》并齐读）

（3）读书在于积累，读书在于开悟。今天我们就一起来学习古人的读书方法和读书态度，一起学习《古人谈读书》。（教师板书课题，学生齐读课题）

2. 初读文本，知晓大意

（1）第一则古文中有哪些古人谈读书？（孔子及其弟子、朱熹、曾国藩）

（2）简介《论语》：记录孔子及其弟子言行的一本书。

（3）自由读第一则古文。要求：读准字音，读通句子。

（4）指名学生。（伺机正音：好、知、识）全班齐读。

（5）教师示范读，读出停顿、节奏。全班齐读。

（6）指名学生，教师点评。

（二）译——体会情境，译出文意

1. 学习体会"敏而好学，不耻下问"

（1）流利地朗读第一句古文。借助注释，用自己的话说说每一句的大意，同桌互说互评。

（2）联系自己的读书体会，说说三句话是古人分别谈读书的哪个方面。

（3）介绍孔文子其人，体会情境，师生对读。

（4）同桌对读。同桌用原文、白话文两种方式对话，体会文意。

2. 学习体会"知之为知之，不知为不知，是知也"

（1）流利地朗读第二句古文。

（2）借助注释，用自己的话说说每一句的大意，同桌互说互评。

3. 学习体会"默而识之，学而不厌，诲人不倦"

（1）流利地朗读第三句古文。

（2）借助注释，用自己的话说说每一句的大意，同桌互说互评。

（三）诵——大声朗读，流利背诵

（1）出示第一则古文，大声自由朗读，试背诵。

（2）指名背诵，全班齐背。

（四）拓——拓展阅读，探究内涵

1. 探究"知"的内涵

注释里说，"知"同"智"，是智慧的意思，请快速阅读以下两篇小古文，找一找文中哪一处让你感受到了古人所说的"知"？

文段一：《不懂就要问》

孙中山小时候在私塾读书。那时候上课，先生念，学生跟着念，咿咿呀呀，像唱歌一样。学生读熟了，先生就让他们一个一个地背诵。至于书里的意思，先生从来不讲。

一天，孙中山来到学校，照例把书放到先生面前，流利地背出昨天所学的功课。先生听了，连连点头。接着，先生在孙中山的书上又圈了一段，他念一句，叫孙中山念一句。孙中山会读了，就回到座位上练习背诵。孙中山读了几遍，就背下来了。可是，书里说的是什么意思，他一点儿也不懂。孙中山想：这样糊里糊涂地背，有什么用呢？于是，他壮着胆子站起来，问："先生，您刚才让我背的这段书是什么意思？请您给我讲讲吧！"

这一问，把正在摇头晃脑高声念书的同学们吓呆了，课堂里霎时变得鸦雀无声。

先生拿着戒尺，走到孙中山跟前，厉声问道："你会背了吗？"

"会背了。"孙中山说着，就把那段书一字不漏地背了出来。

先生收起戒尺，摆摆手让孙中山坐下，说："我原想，书中的道理，你们长大了自然会知道的。现在你们既然想听，我就讲讲吧！"先生讲得很详细，大家听得很认真。

后来，有个同学问孙中山："你向先生提出问题，不怕挨打吗？"

孙中山笑了笑，说："学问学问，不懂就要问。为了弄清楚道理，就是挨打也值得。"

（选自部编版三年级语文上册）

文段二：《两小儿辩日》

孔子东游①，见两小儿辩斗②，问其故③。

一儿曰："我以④日始出时去⑤人近，而日中⑥时远也。"

一儿以日初出远，而日中时近也。

一儿曰："日初出大如车盖⑦，及⑧日中则⑨如盘盂⑩（yú），此不为⑪远者小而近者大乎？"

一儿曰："日初出沧（cāng）沧凉凉⑫，及其日中如探汤⑬，此不为近者热而远者凉乎？"

孔子不能决⑭也。

两小儿笑曰："孰⑮（shú）为汝⑯（rǔ）多知（zhì）乎？"

（选自《列子·汤问》）

注释：①游：游学，游历。②辩斗：争论。③故：原因。④以：认为。⑤去：离。⑥日中：中午。⑦车盖：古时车上的篷盖，像雨伞一样，呈圆形。⑧及：到了。⑨则：就。⑩盘盂：过去吃饭的碗、盘子。盘：圆的盘子。盂：一种装酒食的敞口器具。⑪为：是。⑫沧沧凉凉：清凉而略带寒意。⑬探汤：把手伸到热水里去。意思是天气很热。⑭决：裁决，判断。⑮孰：谁，哪个。⑯汝：你。

2. 善于思，善于启

被称为"万世之师"的孔子在《论语》中还有很多关于读书的名言警句，请大家交流分享。

例：

（1）三人行，必有我师焉。

（2）学而不思则罔，思而不学则殆。

3. 寓学于生活

对于读书人来说，书房既是私密的精神家园，又是俗世中难得的清凉之地。每个爱读书的文人都有自己的书房，而书房名字也被赋予了主人的品位和个性。比如诗人陆游，晚年取"师旷老而学犹秉烛夜行"之语，把书斋命名为"学老庵"，寓意为"活到老、学到老"。学习了本篇课文，你一定也积累了不少关于读书的名言，请你也效仿古人，给自己的书斋取名，并说明出处和寓意。

书斋名：＿＿＿＿＿＿＿＿＿＿＿＿＿＿＿＿＿＿＿＿＿＿＿

出处：＿＿＿＿＿＿＿＿＿＿＿＿＿＿＿＿＿＿＿＿＿＿＿＿

寓意：＿＿＿＿＿＿＿＿＿＿＿＿＿＿＿＿＿＿＿＿＿＿＿＿

【板书设计】

25. 古人谈读书

谦虚　　求实　　勤奋

《渔歌子》教学案例

杨远珍

【教材分析】

小学语文四年级下册第六单元《古诗词三首》中的《渔歌子》是一首词。本单元是围绕"走进田园，热爱乡村"这一主题编排的，通过这一单元的学习，让学生能够走进乡下人家，感受诗情画意的田园美景，体验质朴的乡村生活，体味优美语言，积累精彩句段。

《渔歌子》这首词描绘了一幅春天优美清新的水乡画卷。整首词有动有静，意境美，用词巧，情趣盎然，生动地表现了渔夫悠闲自在的生活情趣。学习这首词，引导学生在诵读中体会作者的思想感情，运用多种朗读形式把学生的"读"推向一个又一个的情感高潮，从而激励学生热爱生活、热爱自然。

【教学目标】

1. 能认读本课生字"塞、鳜、箬、笠、蓑"，会写"塞、鹭"。

2. 有感情地朗读、背诵这首词。

3. 学会运用展开想象的方法，初步理解词的内容，能用自己的话描述这首词所呈现的画面。

4. 感受古诗词之魅力，培养学生对古诗词的热爱之情，体会诗人寄情山水、悠然自得的情操，培养学生课外主动积累的好习惯。

【教学重难点】

学会运用展开想象的方法，初步理解词的内容，能用自己的话描述这首词所呈现的画面。

【教学准备】

背景音频、PPT课件。

【课时安排】

1课时。

【教学过程】

（一）复习引入课题

师：开学之初，我们学习了白居易的一首词，我们一起来背诵一遍。

今天这节课我们再来学习一首张志和写的词——《渔歌子》。（板书课题）

"渔歌子"是词牌名，你还知道哪些词牌名？

（二）读中感知，感受意境

师：请大家打开课本，翻到第110页。

请同学们自由朗读这首词。提示：记住我们读诗四步法中的第三步，结合课文注释，仔仔细细读三遍，前两遍要注意词当中的生字和多音字，读得字正腔圆；最后一遍要注意把词读通顺，读出词的节奏。

（1）个别试读。

（2）学习多音字。读好多音字"塞（sài）"，看插图理解"白鹭""箬笠""蓑衣"等词语。

（3）理解"白鹭"的象征意义：孤高、高洁、向往自由。

（学生练习书写"鹭"。）

师：古人读诗词时很喜欢用吟唱的方式，因此我们读的时候要注意抑扬顿挫，读好轻重。哪位同学来读一读？读出它的节奏，读出它的韵味。

教给大家一个读书声音清亮的方法：抬头，挺胸，坐正，看前面……我们运用这种方法再读一遍。

（三）读中想象，理解诗意

师：张志和不仅是著名的词人，还是著名的大画家。他常常把画画的技巧融入写词当中，大书法家颜真卿是这样夸他的：词中有画，画中有词。意思就是说，他写的词就像一幅画。默读这首词，看看词中为我们描画了哪些景物？拿笔做上记号。

数数有多少景物？（西塞山、白鹭、桃花、流水、鳜鱼、青箬笠、绿蓑衣、斜风、细雨）整首词27个字就描写了9种景物，诗词就是这么简洁。正是因为简洁，这些景物的颜色、姿态都没有写进去。请同学们展开想象，说说这些景物分别是怎样的。

师：怎样的西塞山？

生：翠绿的西塞山。

　　危峰兀立的西塞山。

　　陡峭的西塞山。

　　山清水秀的西塞山。

师：怎样的桃花？

生：粉红的桃花。

　　多姿多彩的桃花。

　　姹紫嫣红的桃花。

师：怎样的斜风？

生：微微的斜风……

师：怎样的细雨？

生：蒙蒙的、凉凉的……

师：流水、鳜鱼、箬笠，选一个说说。时快时慢的流水、鲜美的鳜鱼，这些景物加了颜色、姿态，生动多了。现在把这些颜色、姿态送入这首词中，用自己的语言说说这首词所描写的景色。

经过同学们的描述，你觉得这里的景色怎样？（板书：美丽如画　　景）

（四）入境入情，体悟心情

师：这首词中，不仅景美物美，还有一个不能忽视的人，这个人是怎样的姿态？怎样的穿着？

生：悠然自得的渔夫。

师：渔夫迟迟不想回家，沉浸在这美丽的意境中，独享其乐。

（板书：悠然自得　　人）

师：此时的渔夫心情如何？

生1：高兴，有鳜鱼钓。

生2：舒畅。

生3：兴奋，他想，今天的晚餐有着落了。

生4：平和，笑眯眯的。

师：是啊，表情都看到了。

（完善板书：美丽如画　　景；悠然自得　　人；兴奋舒畅　　情）

师：词中没有一个字写到人物的心情，那你是怎么感受到的？（从句子

所描写的景物中体会诗人的心情。景物往往寄托着作者的情感）

（补充另一首词《天净沙·秋思》。）

师：你再看看这个人的心情如何？是兴奋舒畅的吗？

生：悲哀、忧愁。

师：你是从哪里体会到的？

生：枯藤、老树、昏鸦、古道、西风、瘦马。

师：虽然我们还没有学过这首词，但我想，聪明的你们一定能从作者笔下的景物中感爱到作者此刻的心情。

师：你看，张志和笔下的桃花、流水、白鹭、鳜鱼、斜风、细雨……我们就是从这些景物中感受到作者心情的。这首词不仅让我们感受到诗人悠然自得、兴奋舒畅的心情，更让我们看到了一幅江南春时的美丽景色。我们再读读这首词，请问，这里的"归"指的是回到哪里呢？（回到自己的家）

（五）探究质疑，领悟诗情

师：同学们，让我们回到那个时代，根据时代背景去感悟张志和"不须归"的情怀。

词人张志和年少得志，曾经是朝廷命官，后来因得罪权贵被贬官，他干脆辞官不做，隐身于大自然，寄情于山水，以游赏为乐，以钓鱼为趣，自称"烟波钓徒"，过起了"天大地大四处是我家"的游历生活，常年不回家。

所以这里的"不须归"是指回哪里？后来朝廷派人找张志和回去做官，张志和说"斜风细雨不须归"，这里的"归"又是指回哪里？

他的大哥张松龄担心弟弟在外面受苦，特地写了一首词《和答弟志和渔父歌》，劝弟弟回家。（课件出示张松龄的《和答弟志和渔父歌》：乐是风波钓是闲，草堂松径已胜攀。太湖水，洞庭山，狂风浪起且须还。）

师：下面，你们当张志和，我来当哥哥，我们一起来对读这两首词。

乐是风波钓是闲，草堂松径已胜攀。太湖水，洞庭山，狂风浪起且须还。

生（齐读）：西塞山前白鹭飞，桃花流水鳜鱼肥。青箬笠，绿蓑衣，斜风细雨不须归。

师：太湖水，洞庭山，狂风浪起且须还。

生（齐读）：青箬笠，绿蓑衣，斜风细雨不须归。

师：狂风浪起且须还。

生（齐读）：斜风细雨不须归。

师：且须还。

生（齐读）：不须归。

师（指生）：志和啊，你为何不归？

生1：西塞山的风景太美了，我完全沉浸在风景里，不想回家。

生2：我爱大自然，大自然就是我的家。

生3：春光这么好，我想多玩会儿。

师：是啊，你们可真像是张志和的知音啊。据张志和的好朋友颜真卿记载，张志和每次垂钓时，他的鱼钩是没有鱼饵的。有鱼饵，鱼才会上钩，没有鱼饵，能钓到鱼吗？"每垂钓，不设饵，志不在鱼也。"让我们像张志和那样，独坐江边，任清风拂面，任桃花芬芳扑鼻，我们再来感受一下这种"不须归"的感觉。（音乐响起，齐读）

教师小结：这首《渔歌子》流传至今，已上千年。让我们再一次深情地吟诵这首千古绝唱，让它在我们的心中定格成一幅清丽自然、醇香久远的永恒画卷吧！

师：后来大家都非常喜欢这首词，里面有一个句子成为千古流传的名句，在大家写文章的时候常常被用到。你觉得是哪一句？为什么？

生：桃花流水……因为景色美丽，一看到美丽的景色就想起这句词。

总结提升：

如果朋友看见我在雨中散步，问我，咦，下雨了你怎么还不回家呢？我可以用一句词回答他，是哪一句呢？（斜风细雨不须归）

如果我们遇到了困难，经历了挫折，可以用哪句词安慰自己？（斜风细雨不须归）

看来斜风细雨不仅指自然界的斜风细雨，还可以指生活中遇到的困难。

教师小结：现在，词会流传哪一句已经不重要了，重要的是这首词还会千古流传，从同学们中间永远流传下去。最后，让我们再次吟诵这首千古绝唱。（音乐起，师生共读）

【板书设计】

美丽如画　　景

悠然自得　　人

兴奋舒畅　　情

《十五夜望月》教学案例

赵丹丹　吴　璇

【教材分析】

《十五夜望月》是部编版小学语文六年级下册第一单元第三课《古诗三首》中的一首。这首七言绝句是唐代诗人王建所作的。整首诗意境优美，想象丰盈，韵味无穷。此诗以写景起，以抒情结，展现了一幅清冷、寂寥的中秋之夜的唯美图画。

【教学目标】

1. 正确流利地朗读古诗。

2. 借助朗读，感知诗歌内容大意。

3. 借助相关资料，想象画面，体会诗人是如何抒发感情的。

【教学重难点】

体会诗人是如何抒发感情的。

【教学准备】

背景音频、十五月夜图、PPT课件。

【课时安排】

1课时。

【教学过程】

（一）读中感知，感受意境

（播放音乐，多媒体展示一轮圆月挂在夜空的画面。）

师：圆月，是中秋的象征。中秋之月，总带着些平日里没有的味道，引得古往今来的文人墨客忍不住要借"月"抒发自己的感情。今天让我们跟随唐代诗人王建走进他的《十五夜望月》。（板书：十五夜望月）

师：请同学们自由朗读古诗，注意把古诗读通顺。（学生自由读）

师：大家能把古诗读准和读流利了，但是缺乏一些感情。这首古诗是通过描写某些景物构成一幅画面，再通过画面渲染一种意境以及传达一种情感。（师板书：景—境—情）

师：下面请同学们找出本首诗中描写的景物。

预设：

生1：诗中描写的景物有月光、庭院、大树、鸦雀、露水和桂花。

师：找得非常准确。〔板书：银白的地面（皎洁的月色）、熟睡的鸦雀、飘洒的冷露、芳香的桂花〕

师：请大家试着描述这些景物在你脑海里构成了一幅怎样的画面呢？

预设：

生1：月光照射在庭院之中，地上仿佛铺上了一层银白色的霜。浓郁的树上乌鸦已经休息，寂静的夜里，冰冷透亮的露水悄然无声地打湿了桂花。

师：这么美的画面，它渲染了怎样的意境呢？能否用一些词语概括？

预设：

生1：安静。

生2：寂静、沉静。

师：大家再思考一下，十五的月光洒满一地，好像铺上了一层薄薄的、洁白的霜，这是什么感觉？

预设：

生1：冷的感觉。

师：对，"冷露"给人一种寒意，同时桂花的香味儿隐约飘来，诗人此时此刻是想借月亮表达一种怎样的情感呢？

预设：

生1：思念亲人的情感。

师：对。讲到这儿，相信大家对这首诗的意境有了自己的感受，我们一起来吟诵这首诗。《十五夜望月》，读。

（二）读中想象，理解诗意

（课件出示：中庭地白树栖鸦，冷露无声湿桂花。）

师：我们再来读读这两句诗。

师：古诗通常都要用意象来营造意境，给人传递一种诗情画意之感。而诗的意境需要我们发挥想象才能更好地感受。这两句诗中的景物：树、鸦、花、露以及月色，就是意象。

师：同学们能不能根据诗的描写，在想象中理解诗的意思呢？

（学生发挥想象。）

师：接下来请同学们来分享一下自己所想象到的画面吧。

（课件出示全诗：中庭地白树栖鸦，冷露无声湿桂花。今夜月明人尽望，不知秋思落谁家？）

预设：

生1：皎洁的月光洒在庭院中，地上犹如铺上了一层薄薄的白霜，鸦雀安安静静地栖息在树上，似乎不忍心惊扰这深沉而静谧的夜色。夜深了，冰冷的露水打湿了枝头的朵朵桂花，散发出淡淡清香，不由得让我联想到清冷的露珠一定也打湿了广寒宫中的桂花树吧？

生2：明月当空照，诗人独自站在月下凝神注望，好像在说："普天之下，究竟还有多少人也和我一样正在饱受离别之苦啊！"

师：皓月当空，月色如银，如此美景，勾起我们无尽的遐想。（板书：秋色夜景）

师：我们一起再来读一读这首诗。边读边想象中秋夜月下独立的诗人遥望月亮思念家乡的画面。

（三）入境入情，体悟心情

师：同学们的朗读饱含深情，相信同学们的眼前也展开了一幅诗人月下独立、遥望皎皎明月的画面。老师还希望同学们能慢慢走入诗人的内心，望诗人之所望、思诗人之所思。接下来，请小组互相合作交流，再读古诗，讨论以下两个问题。

（课件出示：①结合诗中的景物，说说古诗描写了什么样的画面？营造出什么样的意境？②结合诗人所营造的意境，体会诗人在中秋夜独立望月的感受。）

（学生小组合作交流讨论。）

师：接下来请小组派代表发言，分享你们小组的讨论结果。

预设：

生1：我的眼前展现出一幅孤寂、冷清的秋夜景色，诗人在万家团圆的中秋夜，孤独地凝望皎洁的明月，为秋思创造伤感的氛围。

师：你从景物描写中体会到了诗人所营造的意境。没错，诗人正是通过"地白""树栖鸦""冷露"等景物，营造了安静、凄清、伤感的氛围。（板书：境：安静、凄清、伤感）

生2：从诗人描写的凄清的秋夜景色营造的伤感氛围中，我们感受到了诗人的孤独寂寞，在本该万家团圆的中秋之夜，无比思念亲朋好友。

师：是的，诗人以己度人，由自己十五夜望月联想到他人望月，由自己的孤寂联想到他人的孤寂，由自己深深的思乡之情联想到他人的思乡之情。最后一句"不知秋思落谁家"更是委婉地表达了思念之情，全诗感情含蓄而浓烈。秋思明明落在了自己家，诗人却偏偏说"落谁家"，望月怀远的情思表达得含蓄蕴藉，更突出了诗人的落寞。（板书：情：孤独寂寞，对亲人的深切思念）

（课件出示：诗人独立望月图，播放音乐。）

师：请同学随着音乐再次朗诵古诗，想象画面，感受诗人的思想感情。

（四）探究设疑，领悟诗情

师：诗人能在短短的四句诗中营造出凄清感伤的氛围，含蓄地表达自己的情思，与诗人炉火纯青的文学造诣有莫大关系。接下来，我们一起去品析诗中的精美词句。

（课件出示：小组讨论：①全诗并未写月光，我们却能感受到月色皎洁，从哪里可以看出？②"树栖鸦"是从哪个角度来写的？写鸦雀有什么作用？③"冷露无声湿桂花"蕴含怎样的情感？④"落"换成"在"好吗？）

（小组充分讨论后，学生自由发言。）

预设：

生1：诗人从"地白"一词侧面突出了月色皎洁，同时也营造了清冷之感。

生2："树栖鸦"是从视觉和听觉的角度来写的，侧面衬托出所处环境的冷清，更能烘托出诗人的孤寂。

生3："冷露无声湿桂花"用寒意、清冷烘托诗人寂寞凄清的心理。

生4："落"更好，"落"写出了诗人的秋思之情如月光一般从天泻落，营造了一幅动态画面，十分灵动。

师：我们常说"诗言志"，诗人的一腔秋思无处诉说，只好寄托在一个个生动的文字中。而今天，同学们深入感受、理解了诗人，相信对于诗人来说也是一种安慰、一份温暖。

（五）课外延伸

师：课后，请同学们收集有关咏月的诗歌，体会诗人寄托其中的情感。

【板书设计】

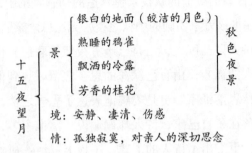

《浣溪沙》教学案例

张东霞 徐 欢 赖艺美

【教材分析】

《浣溪沙》是宋代文学家苏轼的词作，表达了作者虽处困境而老当益壮、自强不息的精神，洋溢着一种向上的精神态度。

【教学目标】

1. 积累一首词——《浣溪沙》。

2. 了解一个人——苏轼。

3. 欣赏一种情怀——乐观向上。

【教学重难点】

重点：诵读词，理解词所表达的意思。

难点：准确把握词所要表达的情感。

【教学准备】

背景音频、央视主持人的朗读录音、课件。

【课时安排】

1课时。

【教学过程】

（一）导入：**直奔课题，了解学习内容**

（1）请学生用自己的话介绍苏轼：课前布置学生收集苏轼的资料。苏轼，字子瞻，号东坡居士，北宋杰出的文学家、书画家。

预设：

"三苏"、文学地位（文坛不灭的神话）、艺术成就（多才多艺：书法四大家，喜画墨竹、枯木、怪石）、生活品位（养生、厨艺、佛学、医学等）。

点评：他是最豪迈的词家、最具情怀的诗人、最豁达的文人、最脱俗的过客、最具人格魅力的大师。感谢你们的分享，是你们让苏轼在我们心中的形象更加立体、更加饱满。

（2）厘清词的小序及其作用。

游蕲水清泉寺，寺临兰溪，溪水西流。

师提问：大家有没有发现这首词的与众不同？（出示《长相思》《西江月·夜行黄沙道中》）这行小字在词中叫小序，它交代了这首词的写作缘由，告诉我们苏轼是去蕲水的清泉寺游玩，并点明了溪水的流向。

（二）读中感知，感受意境

过渡：下面，请同学们跟我一起走进课文，与诗词进行对话。

师：美美地诵读就是与诗词对话最直接的方式。

1. 第一层次：字正腔圆，节奏分明

（1）请同学们对照课件更正你们导学案上的节奏划分。

（2）这里有一段央视主持人的朗读录音，我们一起来欣赏。下面请同学们模仿朗读专家读一读这首词，把词读得字正腔圆，节奏分明。

师：恭喜你们，本次诵读成功达到要求。接下来，难度要加大了，我们一起来挑战一下吧！

2. 第二层次：有板有眼，韵味十足

（1）读词不仅要读准字音和节奏，更重要的是要读出它的韵味，因此在读的时候要走进词的意境中去，发挥想象，同时注意你的肢体语言和表情。

（2）请你们边读边想象画面，全体学生在乐曲声中齐读全词。

师：从很多学生的表情中，我能够感受到你们已经挑战成功啦！我给你们刚刚的诵读打95分，要是打满分，怕你们太骄傲。

（三）读中想象，理解词意

师：其实，想象画面、理解词意是与诗词对话不可或缺的一种手段。

1. 创设情境，想象画面，感受意境

师：清泉寺究竟有何等风光能让大文豪苏轼如此动容呢？请大家闭上眼睛听，我们一起设身处地地来感受一番。（创设情境，音乐起）

师：在优美的音乐声中，我们漫步在松树林间，徜徉在涧水旁，沐浴在蒙蒙细雨中。看着如此清新秀丽的景色，苏轼的心绪也得以平静。他轻轻地吟诵道——

师：山下兰芽短浸溪，松间沙路净无泥。睁开你的双眼，请问你们看到了什么景色？

预设：我看到了刚发芽的小草，叮咚流淌的小溪……

师：是啊，身处如此清淡幽雅的环境中，看到这样的美景，他同样感到心旷神怡。此时，苏轼的吟诵也如这深山幽涧，空灵而起。

师：山下兰芽短浸溪，松间沙路净无泥，萧萧暮雨子规啼。

师：此时此刻，请问你又听到了什么？

预设：我听到了潇潇的雨声，杜鹃清脆的叫声……

师：我们刚刚一起感受了词的上阕所描绘的内容，你们看到了兰芽、溪流、松林、沙路，听到了淅淅沥沥的雨声，还有那时有时无的布谷鸟的叫声。由此可以得知，诗人在上阕重在写什么内容？（板书：写景）

2. 小组合作学习对词的理解

师：接下来请同学们以6人小组的形式互相说说词的意思。每个小组推选3个代表，最终选1个讨论得最有声有色的小组上来汇报。

3. 小组汇报学习成果（预设）

生1：我们小组汇报对词的上阕的理解。

（山下兰芽短浸溪，松间沙路净无泥，潇潇暮雨子规啼。）

山下溪水潺潺，岸边的兰草刚刚伸出嫩绿的芽儿。松林间的沙路仿佛刚洗过，一尘不染，异常洁净。蒙蒙细雨中传来了子规清脆的鸣叫。

生2：我们小组汇报对词的下阕的理解。

（谁道人生无再少？门前流水尚能西！休将白发唱黄鸡。）

谁说人老不会再回年少时光呢？你看看，那门前的流水还能执着反东，向西奔流呢！因而不必为时光流逝而烦恼，以白发之身愁唱黄鸡之曲。

师：同学们学习得非常认真，预习工作做得非常充分，所以你们对词的理解十分准确。

（四）入境入情，体悟心情

今天这节课，通过这首词，让我们穿越到一千多年前，回到苏轼生活的那个年代，与诗人进行面对面的对话。

1. 分享背景资料

师：首先请同学们看看这首诗。这是苏轼在风烛残年之际回顾自己一生所写的一首自传诗。请你们读一读这首诗，并说说你从中读出了什么。

自题金山画像

心似已灰之木,

身如不系之舟。

问汝平生功业,

黄州惠州儋州。

师:诗人借此诗抒发他一生漂泊不定,过着长期贬谪生活的坎坷命运。

师(课件出示三次贬谪):诗中提到的"黄州惠州儋州"是诗人人生经历的三次重大贬谪。

课件出示写作背景:写作这首词时,诗人正历经第一次贬谪——乌台诗案案发,他被贬黄州。

乌台诗案介绍(指名一学生说)。

2. 感知作者情怀

师:原本才华横溢、年少成名、备受瞩目的苏轼,经过乌台诗案,瞬间跌入人生的谷底,前途一片渺茫。那苏轼会用什么心态去面对这种人生困境呢?请用原词句回答。

生:谁道人生无再少?门前流水尚能西!休将白发唱黄鸡。

师:从下阕的文字里,你读出了诗人的什么情怀?

预设:下阕写门前流水尚能西流,不要白头面对黄鸡催晓,体现诗人不因为年老而消极悲观的态度,表达了诗人积极乐观的人生态度、豁达的胸襟,也表达了诗人虽处逆境而老当益壮(不服年老)、自强不息(旷达进取)的精神。

师:苏轼的这首《浣溪沙》上阕写景,下阕抒情(板书),全词情景交融,苏轼用旷达乐观的态度面对人生的一切。

师:乐观豁达不是一时兴起,这种品质早已融入苏轼的骨血,变成他可贵的精神品质。

出示课件,补充苏轼被贬期间的功绩。

出示材料:

法国《世界报》这样评价苏轼:

居庙堂之高,心忧黎民,勤于政务;

处江湖之远,尽职尽责,为善一方。

在朝期间,他直言敢谏,不惧权贵;

在贬期间，他抗洪灭蝗，赈贫救孤，颇多政绩。

他俯仰无愧于天地，心无名利杂念，

遂有闲心领略江山风月，写下无数传世杰作。

师：一首词，一个人。语言，是情感的载体。欣赏古代的诗词，不仅要读懂文字意思，更要通过语言文字走进作者的内心，领会其语言中所呈现的感情。

3. 情境对话

如果苏轼现在站在你的面前，你会说些什么？

（1）与作者对话。

（2）学生默读词。

（3）出示话题，课堂漫谈：

读你的词，我认识了一个（　　）的你，我能理解你（　　）的情感，更能感悟到你（　　）的人格。

（4）学生交流。

（五）探究设疑，回归自我

（1）与自我对话。

师：读一首词，读懂一个人；读懂一个人，又不禁让我们联想起我们自己。人生路漫漫，何曾有坦途？如果你遇到了人生路上的苦闷、失落、不公，你又将如何面对呢？请和同桌交流你的想法。要是你能像诗人一样用诗歌表现出来就更好了。

（2）全班分享，感知作者情怀。

（3）小结：每一首诗词都承载了诗人的人生态度、人生理想和人生格局。读懂他们的语言文字，更要读懂他们的内心世界。

【板书设计】

浣溪沙 ┌ 上阕：　写景　　清新幽雅
　　　　└ 下阕：　抒怀　　乐观豁达的人生态度

《项链》教学案例

魏锦珠

【教材分析】

《项链》是一篇描写海边风光，充满童真童趣的儿童散文，语言生动流畅，意境优美。《语文课程标准》第一学段关于识字、写字的目标指出：喜欢学习汉字，有主动识字的愿望，学习独立识字。关于阅读的目标指出：学习用普通话正确、流利、有感情地朗读课文。基于以上学段目标，一年级的学生学习这篇小散文，还是以识字、写字为重点。识字方面，学生已有的识字方法：组词，加一加，换一换等。本节课再现了字理识字，以形近字的比较等方法帮助学生识记生字。同时，文中反复出现的叠词具有韵律感，符合一年级学生的认知特点和心理特点，因此，本课把叠词的积累作为一个重点。鼓励学生联系生活经验，用叠词说话，从课本中来，到生活中去，丰富学生的词句积累。由于一年级学生的识字量不大，本课文章篇幅较长，所以学生在读好课文这一点上有一定的难度。因此，本课教学中以多种形式的读为主，在诵读中感受美，通过与音乐、美术等学科的结合，不断让学生充分感受文中所蕴含的真情。

【教学目标】

1. 认识"蓝、娃、挂、和、笑"5个生字和"禾木旁"1个偏旁，会写"和"这个生字。

2. 能正确流利地朗读课文，知道大海的项链是什么。

3. 了解叠词，能正确使用叠词。

【教学重难点】

重点：认识"蓝、娃、挂、和、笑"5个生字和"禾木旁"1个偏旁，会写"和"这个生字。

难点：了解叠词，能正确使用叠词。

【教学准备】

生字卡片、大海的视频、海浪的音频、PPT课件。

【课时安排】

2课时。

【教学过程】

环节一：初步感知，整体感悟

（一）欣赏图片，导入新课

（1）欣赏各种项链的图片，感受项链的美。

（2）揭示课题，导入新课。

（二）初读课文，整体感知

听教师示范读，再自由读课文，边读边想：课文介绍了谁的项链？

师：孩子们，这篇课文有两个自然段，看看你在预习时序号标对了吗？读了课文，大家一定知道了课文给我们介绍的是——大海的项链（学生补充回答），现在就让我们一起到美丽的大海边去欣赏一下吧！

环节二：抓住特点，把握新知

（一）随文识字，认识叠词

指导朗读第1自然段。

师：说说你看到了什么，听到了什么。

学生根据自己观看视频的情况回答。

师：谁知道课文的哪一自然段写了视频里的美景？谁来分享一下你最喜欢这一段里面的哪句话？为什么？

预设1：

我喜欢这一句：大海，蓝蓝的，又宽又远。（指导朗读）

师：哇，你的大海的颜色真美啊！你的是一片波涛汹涌的大海，此时，浪花还没来呢，是一片平静的大海。（教师示范读）我们一起来读好吗？

适机学习生字：蓝。

师：谁来拼读这个字——蓝，注意读好前鼻音。

师：蓝，染青草也。——《说文解字》中的意思是：蓝色，是从青草里提炼出来的，所以"蓝"字是草字头。

预设2：

我喜欢这一句：沙滩，黄黄的，又长又软。（指导朗读）

师：多柔软的沙滩呀。哇，你的沙滩更柔软，老师好想光脚上去踩一踩。喜欢沙滩的孩子站起来朗读。

预设3：

我喜欢这一句：雪白雪白的浪花，哗哗地笑着，涌向沙滩，悄悄撒下小小的海螺和贝壳。

师：仔细听，沙滩上传来了谁的声音？（音频）哗哗的声音就是浪花的笑声，多么欢快的浪花呀，老师想男女生比赛读，看看谁读的浪花更可爱。

老师教学生读好长句子的停顿。你们真是一群可爱的小浪花。

（二）学习"的"的词语搭配

师：大海是蓝蓝的，沙滩是黄黄的，那谁知道浪花是什么颜色的呢？除了说雪白雪白的浪花，还可以说雪白雪白的（　　　）。

环节三：调动感官，多维巩固

（一）字系识字："和"

1."和"的运用

师：浪花说，谢谢小朋友们帮我找到了那么多跟我一样颜色的小伙伴，我想送一件特别的礼物给你们。请看，（课件出示海螺和贝壳）浪花送了什么礼物给你们？

师：海螺和贝壳是一对好朋友，如果我们要让这两个好朋友同时出现，中间就得加一个什么字？（和）"和"还可以让两个句子变成一个句子，如老师喜欢吃苹果，老师还喜欢吃梨。怎么变成一个句子呢？（指名答）可以变成：老师喜欢吃苹果和梨。

2."和"的文化

师：孩子们，大海给小娃娃献上用美丽的海螺和贝壳串成的项链，小娃娃那欢乐的小脚丫回赠大海一条金色的项链，这是多么和谐啊！同学们，你们在课堂上认真思考，各抒己见，这是和而不同！"和"是中国文化一种了不起的意境，让我们一起把这个"和"字镌刻在心中。

3."和"的书写

"和"和"禾"对比。

师：同学们，用你们的火眼金睛观察它们有什么不同。左边的这个偏旁是我们这节课要学的新偏旁，它的名字叫（禾木旁），谁来说说禾变成禾木旁有没有什么改变。左边是禾木旁，右边是口，谁大谁小？（教师示范写。）第一笔撇，要从竖中线起笔，第二笔横写在横中线上，稍微向上倾斜，第三笔竖，第四笔撇要舒展，第五笔是点。右边的口要紧靠这横的下方起笔，写在右半格中间。（教师示范写，学生练写）

（二）比较识字："娃"和"挂"

1. 正音

师：同学们，海螺和贝壳听说同学们不仅写字写得好，认字也特别厉害，它们就带了一对双胞胎想要我们班的同学来帮忙认一认。（指名学生读"娃"和"挂"）

2. 总结方法

老师听出来了，他是用偏旁区分法来认这两个生字宝宝的。现在，老师把这对双胞胎放回课文里，你还能读准它们吗？（读第2自然段）

环节四：追溯字源，积淀文化（字理识字："笑"）

（1）小娃娃们也收到了大海送给他们的礼物，他们的心情是怎样的？

师：小娃娃是嘻嘻地笑，那浪花又是怎么笑的？哗哗地笑（笑声），还可以怎样笑，用上表示声音的叠词来说：哈哈地笑、呵呵地笑、嘿嘿地笑。

（2）谁能大胆地猜一猜，笑是竹字头，说明它跟什么有关？

提示：笑是竹字头，意思是当风吹过竹林的时候发出的声音就像是人们的笑声，笑字下面的部分像是人们笑时弯曲的身体。

（3）课中操：太阳笑，暖暖的；阿姨笑，亲亲的；花儿笑，香香的；宝宝笑，甜甜的。

环节五：深入情境，共情体悟

（一）代入课文，再读感悟

师：刚刚，我们从小娃娃的笑声中已经感受到了他们非常喜欢大海送的这份礼物，那小娃娃们有没有送礼物给大海呢？这份礼物是什么？请在老师的板书中找出来。（设计意图：本课的一个难点是：大海的项链是什么？教师充分利用板书的画面感，让学生一目了然，知道大海的项链就是小娃娃的脚印，自然而然地突破本课的难点）

师：其实，我们还有一个礼物可以送给大海，让我们带着对大海的喜爱

和赞美一起把这篇课文美美地读一读。（齐读全文）

（二）认识叠词，了解作用

师：同学们，这篇课文之所以能写得这么美，是因为作者用了一个秘诀，她用了一些特别的词语，大家看。（引导学生在文中找出叠词）

师：这些词语特别在哪儿了？谁发现了？（引导学生说出发现）总结叠词的概念。

环节六：迁移运用，拓展提升

师：现在啊，老师把这些叠词从课文里面请出来排成三队，谁知道它们为什么要这样排队？

（一）把叠词按颜色、声音、形状分组

师：谁还能说一些课本上没有的叠词。

（二）游戏：叠词大比拼

（出示语文园地七的图片）引导学生用叠词练习说话。

师：其实，我们古代的许多大诗人也喜欢用叠词来作诗呢！我们一起读读吧！（课件出示带有叠词的古诗词）

离离原上草，一岁一枯荣。

江南可采莲，莲叶何田田。

春眠不觉晓，处处闻啼鸟。

谁知盘中餐，粒粒皆辛苦。

（三）总结

师：叠词就像是项链上的颗颗珍珠，闪现于课文和古诗词中，光是念在口中，听着声音，便觉得心生喜爱，所谓含英咀华，口齿留香，大抵就是这样吧。

（四）作业布置

每位同学根据自己的喜好任选其中一项作业：

（1）我会画：画一画你心中的大海。

（2）我会说：收集带有叠词的古诗词，在小组内朗读分享。

【板书设计】

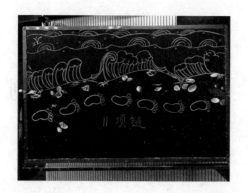

《搭船的鸟》教学案例

魏锦珠

【教材分析】

《搭船的鸟》是统编版教材语文三年级上册习作单元中的第一篇精读课文。本单元是小学阶段第一次出现的习作单元，单元主题是"留心观察"，以"观察"为主线，通过一系列的阅读和习作活动，引导学生体会"留心观察"和"细致观察"的好处，着力培养学生观察生活的意识和能力，为学生今后的习作能力发展奠定基础。课文以儿童的口吻，描写了"我"在去乡下途中的所得，不仅观察了旅途中听到的雨声和见到的船夫，还观察了翠鸟的外貌和捕鱼时的动作。课文开头交代了见到翠鸟的原因，接着重点描写翠鸟美丽的外貌吸引了"我"，也引发了"我"的疑问。见到翠鸟捕鱼的敏捷动作后，通过母亲的介绍，"我"知道了翠鸟搭船的原因。这样一次平常的探亲之旅，因为"我"留心周围的事物并细致观察，得以认识了一位可爱的新朋友——翠鸟，充分说明了留心观察的好处。

【教学目标】

1. 正确、流利、有感情地朗读课文。正确书写"搭、翠、吞"等13个生字，会认"父、啦、鹦、鹉、悄"5个字。

2. 认识翠鸟，通过品读描写翠鸟的语句，了解"我"对翠鸟的外形、动作所做的观察，感受"我"观察的细致，初步体会留心观察的好处。

3. 用作者观察翠鸟的方法来观察事物，并记录观察所得。

【教学重难点】

重点：了解作者对哪些事物进行了细致观察，初步感知作者对自然环境观察的细致。

难点：感知多重观察翠鸟的方法，运用所学方法仿写片段。

【教学准备】

教学课件、翠鸟捕鱼视频、翠鸟图片。

【课时安排】

2课时。

【教学过程】

（一）初步感知，整体感悟

师：同学们，咱们中国是诗的国度，每个中国人都是诗的传人。今天，老师想和同学们分享一组诗句。（出示课件）

生：春眠不觉晓，处处闻啼鸟。——《春晓》。

师：这是《春晓》中的诗句，同学们从小就耳熟能详的一首诗。

生：两个黄鹂鸣翠柳，一行白鹭上青天。——《绝句》。

师：这是大诗人杜甫写下的千古传唱的《绝句》。来点儿难度，这句谁来试着读一下。

生：晴空一鹤排云上，便引诗情到碧霄。——刘禹锡的《秋词》。

师：同学们，你们观察一下，这组诗句有什么相同之处吗？

生：这组诗句都带有鸟。

师：说得好，眼睛真亮。鸟类是自然界的精灵，它们那动听的歌喉，美丽的身影，为世界增添了生机和活力。今天，我们就来认识一只可爱的小鸟，齐读课题。

生：搭船的鸟。

师：现在请同学自由阅读课文，并思考课文主要讲了哪些方面的内容。

教师出示提示语，降低难度，让学生整体感悟文章。

（二）抓住特点，把握新知

过渡：课前，同学们都预习了，首先考考你们生字词的掌握情况。

1. 认读字词

师：这些词语谁会读？（指名学生）

出示：哦、祖父、母亲、吞、鹦鹉、捕鱼。

点拨："亲"前鼻音、"鹉"后鼻音要读到位。

师：这些词语也能读好吗？

出示：沙啦地响、静悄悄地停、翠绿的羽毛、红色的长嘴。

点拨："啦"是一个多音字。拟声词中一般都读第一声。比如，沙啦、哗啦。拟声词在句末表示语气，一般读作轻声。比如，好啦、来啦。

2. 学写"翠"

过渡：这篇课文的生字中，最难写的是这个"翠"字。同学们，仔细观察，从结构和笔画上谁来给大家提提醒？（指名学生）

师：这个提醒真好。笔画有变化。

师：老师编了个口诀，帮助大家更好地写"翠"。一起读一读。

对照口诀，伸出手指，和老师一起写这个字。

拿出练习纸，把"翠"字描一个写一个，对照口诀写美观。

（三）深入情境，共情体悟

过渡：接下来，请同学们自由朗读课文，想一想在这次探亲途中，作者对哪些事物进行了细致的观察，找出相关的语句并画上横线。（出示课件）

> 自由朗读课文，想一想：作者对哪些事物做了细致的观察？用"——"画出相关语句。

预设（根据学生回答，适机出示）：

学生说画出的句段，教师提问。

1. 雨、船夫

出示：天下着大雨，雨点打在船篷上，沙啦、沙啦地响。船夫披着蓑衣在船后用力地摇着橹。

师：你觉得作者在这里对什么进行了细致的观察？

2. 翠鸟的外形

出示：它的羽毛是翠绿的，翅膀带有一些蓝色，比鹦鹉还漂亮。它还有一张红色的嘴。

师：这一句作者是对什么进行细致的观察？

3. 翠鸟捕鱼的动态

出示：我正想着，它一下子冲进水里……不见了。可是，没一会儿，它飞起来了，红色的长嘴衔着一条小鱼。它站在船头，一口把小鱼吞了下去。

师：作者又在细致地观察什么呢？

师：同学们真会学习，通过快速地浏览全文就能很快地找出作者对哪些事物进行了细致的观察。我们一起来回忆一下，在文中，作者对（雨和船夫、翠鸟的外形、翠鸟捕鱼的动态）都进行了细致的观察和描写。

（四）调动感官，多维巩固

1. 感知静态事物观察的方法

师：我们先来看看作者笔下这只美丽的翠鸟。（出示第2自然段）

请同学们四人小组比赛读，看看谁能读出翠鸟的美。

展示学生的朗读，可以小组读，可以推荐优秀的学生读。

可以评价：你真是一只可爱的翠鸟。

你的朗读把这只美丽的翠鸟送到了老师的面前。

你读得太美了！

读得真好！你的声音里尽是对翠鸟的喜欢！

师：读了这么多遍，同学们应该知道作者是用什么方法来介绍翠鸟的外形了吧！（板书：外形）谁来说说？（教师根据学生的回答进行板书：整体、局部特点）

师：同样的翠鸟，同样的方法，我们看看另一位作家是怎么写的。（出示《翠鸟》）谁能读出这位作家笔下翠鸟的美？

评价：从你的声音里我听出了你对翠鸟的喜爱。

师：这两段文字太美了！老师知道我们班有很多"记忆大王"，同学们来比比看，谁能在1分钟内把它们记在心里。

现在你就是这只美丽的翠鸟，谁能用上刚才的积累向大家介绍自己？

2. 感知动态事物观察的方法

师：翠鸟不仅颜值高，它还是一个实力派（本领高强），它还有另外一个名字，叫"叼鱼郎"。请大家读一读这一自然段。（出示第4自然段）

师：如果让你用一个词来形容翠鸟捕鱼的过程，你会选择哪个词呢？

师：你从哪里感受到翠鸟捕鱼的速度很快？请用三角形标出相关的字词。

预设：冲、飞、衔、站、吞。

师：没错，作者抓住了这些连贯动作来写翠鸟捕鱼的过程，（板书：连贯动作，捕鱼）这一系列动词其实是一个连续的画面，作者却将它分解成一个个具体的动作，这是观察动态事物的好方法。还从哪里可以看出它捕鱼的速度很快？

课件出示两段比较阅读。（一段有：一下子、一会儿、一口，另一段没有）你喜欢哪 段？为什么？

师：没错，用上这三个"一"更写出了翠鸟的动作敏捷。

师：谁能用朗读的方式把翠鸟动作的敏捷读出来？（评价朗读）

师：鼓励。看来你这只翠鸟年纪有点儿大了，动作慢了一点儿，我再找一只年轻点儿的翠鸟。

师：好一只身手敏捷的翠鸟，我要是小鱼我会怕怕。

师：你们想不想看看翠鸟捕鱼的视频？我们来玩点儿高级的，老师的这段视频是没有配解说词的，我想邀请同学们来为这段视频配上解说词。俗话说：磨刀不误砍柴工。在这之前，你们得先练练。

考验：出示五个动词的画面，学生练习将整个过程说一说。

播第1遍正常速度。

师：如此敏捷的捕鱼过程，估计很难配解说词，难为你了！怎么办呢？

播第2遍慢速度。播第3遍，学生齐背。

师：你们真是一群优秀的解说员。

（五）迁移运用，拓展提升

1. 提炼

师：你们瞧！作者对翠鸟捕鱼的一连串动作进行了细致地观察，为我们呈现出一只身手不凡、动作敏捷的翠鸟。这样的观察方法值得借鉴学习。

2. 观察视频

师：今天，老师带来一段"小猫开门"的视频，相信你们会喜欢。请仔细观察视频中的小猫都有哪些动作。

（1）交流。

师：看清楚了吗？它有哪些动作？

师：哟，你关注到了细节。

师：你真会观察，也会描述。

师：你抓住了这个动作：压。

师：正如你们所说，小猫开门虽然时间不长，但是动作非常丰富，一连串的动作包括跳、伸、扒、压。

交流完再次播放同一个视频（慢动作播放）。

师：这精彩的一幕如果不写下来那就太遗憾了。来，大家一边回忆刚才的画面一边写下来，注意要用好这些动词。

（2）练习仿写。

请大家用上老师给出的动词，把视频中的画面写下来。

（3）分享：谁愿意与大家分享你的作品？

（4）指名生分享，没有写完没关系，课后再去完善。

（六）总结全文，延伸课外

（1）结课：这节课我们跟着小作者一边观察一边学习如何表达。在作者细致的观察和描写中，一静一动地把这只搭船的翠鸟写活了。（简笔画板书）

（2）延伸：让我们回看课题，一般我们都说人去搭船、搭车，这篇课文搭船的是谁？（鸟）是啊，好特别啊！这里面应该包含了作者浓浓的情感吧。下节课，我们将继续走进这篇文章去体会作者的情感。

【板书设计】

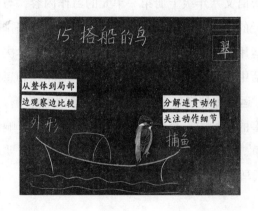

《走进音响世界》教学案例

邹凌丽

【教材分析】

本课是人教版语文六年级上册第一单元的习作内容，与单元主题有一定的相关性，本单元的课文以"感受大自然"为中心进行编排，以作者的联想和想象为基础，运用了比喻、拟人、夸张等修辞手法。本次习作的目的在于激发学生留意生活中习以为常的声音，唤醒学生的联想和想象。学生可以仿照课文作为例子，运用多种修辞手法，描写大自然中的音响。

可以在这么多的音响中，择取一部分音响，将这些音响连成一个内在逻辑合理的想象故事。这里既要求学生要有联想和想象，又要求学生要做到逻辑合理，而不是天马行空。

【教学目标】

1. 激发学生细心观察生活，积累象声词汇，懂得用象声词描述听过的声音，并用象声词编故事。

2. 引导学生放飞想象，培养学生的想象力、逻辑思维和语言表达能力，使学生的思维在清晰的条理中发散和创新。

3. 快乐习作，提升写作的兴趣。

【教学重难点】

重点：能根据听到的声音进行想象，并将声音比较合理地组合起来，想象成一个或几个情节，编出一个情节完整、有意义、有创意的故事。

难点：小组合作评价，推选优秀的习作，引导评价。

【教学准备】

（1）教师准备多媒体课件、声音素材。

（2）学生收集生活中的象声词，学习模仿声音。

【课时安排】

2课时。

【教学过程】

（一）模仿声音，激发想象

师：刚刚上课前，我们玩了一个小游戏，同学们模仿了各种动物的声音，各种自然界的声音。当倾听这些熟悉的声音的时候，我们发现，原来那些平时毫不起眼的事物竟这么生动有趣！原来那些细小微弱的生命竟变得那么立体可爱！原来那个熟悉而平凡的世界竟变得这么曼妙无比、异彩纷呈！

师：感谢这些熟悉的声音，今天就请同学们跟着老师走进音响世界，看看声音还会带给我们哪些惊喜。

（板书：走进音响世界。）

（二）构思情节，串珠成链

1. 辨析素材，提出要求

师：请大家闭上眼睛，静静聆听老师给大家带来的声音。一边听，一边想，然后告诉大家你脑海中浮现的是怎样一幅画面。

（播放声音素材：心跳的声音。）

引导语：你想象的是谁的心跳？为什么心跳越来越快？

师：很好，你听得很仔细，分辨出了心跳越来越快的变化。

（绑匪劫持人质）师：你是一个判断力很高的孩子，关注了许多社会新闻。

（板书：认真倾听细分辨。）

师：你想象的又是谁的心跳？

（老师发试卷）师：当老师发试卷的时候，你很紧张，那你当时肯定有一些内心话，你在想什么？是在想我是进步了还是退步了？如果进步了，就可以跟妈妈要我一直很想要的礼物了；如果退步了，可怎么把试卷拿回家呀！又得挨骂了。

师：你设想了一个大胆的场景，想象奇特，这正是老师要提醒同学们的——大胆构思展想象。

（板书：大胆构思展想象。）

师：这是一个合情合理的情形，不仅有自己的想象，而且合理。做到了情节巧妙，符合逻辑。

（板书：情节巧妙合逻辑。）

评价语：怎么都是巾帼独领风骚？我们班的须眉难道被比下去了？

2. 辨析素材，应验要求

师："怦怦怦"的心跳，同学们想到了悲欢离合，想到了激动时分，做到了"认真倾听细分辨、大胆构思展想象"。看来这个挑战难不倒你们，那接下来我要提高难度了，我再加一个声音进来，两个声音连在一起，编一个故事，看看同学们会有怎样独特的创意？

（播放声音文件："轰隆隆"飞机的声音。）

小组讨论，举手发言。

师：让我们把创意分享给大家，好，你来……

师：你的想象非常大胆，一个让人心跳加速的劫机事件！希望后面你的故事情节能够做到合理，逻辑性更强，这样一定会为你的大胆想象增添光彩！

（教师准备一个故事素材。）

3. 教师范文，规范指引

师：同学们编的故事都像好莱坞大片一样，是紧张、刺激的，而我想到的故事却是悲伤的……（配乐：哀伤）

范文：

永远的归来

冬天的太阳暖洋洋地照进了这一家的客厅，安安静静的家里，只有主妇玛丽忙碌的身影，突然"丁零零……"电话响了。

玛丽接起了电话，电话那头却传来丈夫急促的声音："玛丽，亲爱的，记住，无论如何，我，永远，永远爱你！"丈夫杰克的声音气喘吁吁的，似乎在强忍着某种痛苦。玛丽的心怦怦怦地跳起来："……不……杰克……不要……"

嘟嘟嘟……电话那头再也没有了丈夫的声音。

一直知道丈夫的职业很危险，却没有想到真的会有这样的一天！玛丽瘫坐在沙发上，再也说不出话来。她真想现在就去找到丈夫，哪怕是看他最后一眼，可是，丈夫的每一次任务都是国家机密，如今又能去哪里寻找呢？

几个小时之后，她终于等到了丈夫所在部门的通知：他在执行任务时，为了保护一位普通群众，不幸被歹徒击中……而那个电话就是丈夫在救护车上最后的声音……玛丽无声地哭泣着……

几天之后，玛丽一身白衣，来到了机场，迎接丈夫永远的归来。

（音乐继续播放两三秒，让全场停顿回味。）

我被自己编的故事感动到了，多么伟大的英雄，多么有情有义的丈夫，多么令人感动的故事！此处应该有掌声（微笑）。

听到怦怦怦的心跳声和飞机轰鸣的声音，同学们想到的是刺激、紧张的故事，而我想到的却是这样一个悲伤的故事。一个为了普通的人民群众而牺牲了自己的人物形象。这就是老师想告诉大家的一个写作要求，当我们编故事的时候，不能为了想象而想象，更重要的是，要在故事里传播真善美，传递正能量。

（三）展开想象，练笔成文

师：正所谓一千个人眼中有一千个哈姆雷特。同样的声音，可以有不一样的精彩，可以喜，可以悲，可以惊奇，可以快乐……在声音的世界里，你的想象有多丰富，你的故事就有多奇妙。下面老师再给你们播放两组声音，你们敢不敢再次挑战一下自己的想象力呢？

（教师播放两组声音，让学生思考，动笔写。）

（PPT上提供写作的不同主题：武侠故事、科幻故事、动物小说、情感故事、成长故事、教育故事、侦探故事。）

师：这里的两组声音，同学们可以任意挑选一组，然后通过大胆猜想合理编写，你既可以带我们走入美丽的童话世界，也可以带我们走入刀光剑影的武侠世界；既可以写成充满聪明智慧的侦探小说，也可以写成让人目眩神迷的科幻小说；既可以以人类为主角描绘爱恨情仇，也可以以动物为主角描述森林里的世界，甚至是在古今中外的时空中来回穿梭的穿越小说……想象无限，创意无限，期待你们的创作！

师：提醒同学们在写的时候注意几点：①屏幕上的素材声音，在顺序上可以打乱，加入你喜欢的任何声音；②正所谓"题好一半文"，给你的文章起一个好名字；③写作的过程当中遇到不会写的字，先空着，不要让你的灵感被打断，课后可以再通过查字典、问同学老师的方式补充。

（四）现场点评，互学成长

1. 提供标准，组内推选

下面请小组长把组员的习作收集起来，然后让组员们互相欣赏彼此的习作，看完每一份作品之后，选出你心目中的"最佳习作"，把你手中的小红花贴在这份最佳作品的评比栏里。每组得票最高的，我们抽签展示出来，然后对决，看最后谁的习作最棒！

附："最佳习作"评价标准

1. 标题独特有创意，与文章内容相照应。

2. 联想新颖，想象大胆或者有趣。

3. 情节出人意料，吸引读者。

4. 故事符合逻辑，经得起推敲。

5. 人物的个性鲜明，让读者或喜欢，或憎恨。

6. 故事揭示了一定的思想、主题、内涵，或感悟，或赞扬，或批判……

2. 展示佳作，评议投票

每个小组抽签选出一篇佳作，集体分享展示，本人朗读，教师引导集体评改。

投票决定"小作家奖"。

评选作品。得票高的小组得分10分，得票低的小组得分6分。评出"最佳习作"大奖。

教师准备奖品，评出"最佳表现奖"。

（五）点评总结

师：恭喜获奖的同学，这两篇习作都各有千秋。今天课堂上时间有限，同学们的灵感都刹不住车了，大家课后可以把这篇习作写完整，正所谓"酒香也怕巷子深"，还可以拿出来在小组之间互相学习，互相分享。

师：在这里也很感谢两位同学的作品，经由他们的作品我们看到了一个丰富的音响世界，原来熟悉的声音也可以成为我们故事的题材。大千世界，音响绝妙，只因你的一双敏锐的耳朵，一点奇思妙想，一支巧笔，这个世界才更加熠熠生辉。如果这节课之后，你开始关注身边无处不在的声音；如果这节课之后，你会试着自己做一个小小作家，编自己喜欢的故事，那么恭喜你，你已经在以一个作家的思维敏锐地观察这个世界了，说不定，你就是未来著名的作家，老师将在小学课堂里向未来的小学生推荐你的作品呢！

【板书设计】

走进音响世界

认真倾听细分辨

大胆构思展想象

情节巧妙合逻辑

联想和想象教学案例

莫利平

【教材分析】

本次习作结合了人教版语文六年级上册第一单元的主题"感受大自然",学生在本单元学习了联想和想象,本次习作为自创主题,贴近学生所学,重在引导学生运用联想和想象提升写作水平。

【教学目标】

1. 了解联想和想象。

2. 会运用联想和想象的方法把看到的、听到的、想到的说出来。

3. 运用联想和想象的方法习作。

【教学重难点】

重点:能运用联想和想象的方法把看到的、听到的、想到的合理完整地表述出来。

难点:运用联想和想象的方法习作。

【教学准备】

PPT课件。

【课时安排】

2课时。

【教学过程】

(一)激趣导入,想象热身

写甲骨文"山""水"。

师:这是什么字?

教师画山、水。

师：这个呢？

师：同学们真是看山是山，看水是水呀！再看，这像什么？（画一条波浪线）

……

师：同学们真了不起，做到了看山不是山，看水不是水，原来想象是这么美的。今天就让我们展开联想和想象的翅膀，上一节习作课，去挑战自己，超越自己。

（板书：放飞思维的翅膀——联想和想象。）

（二）以点辐射，激发想象

师：联想和想象可以让我们的思维不再囿于教室里的方寸之地，可以让我们的思维穿越时空、跨越海洋，可以让我们的思维飞过高空、游遍世界。看看老师给你们带来的这幅图，你想说点儿什么？

（出示"一滴水"的图片。）

师：真想知道这滴露珠会滴落到哪里，老师知道你是根据它的去向进行联想的。

（板书：去向。）

师：你从这面镜子看到的是历史、现在还是未来，老师非常期待。好，你联想到了它的意义。

（板书：意义。）

师：你看到的不是露珠，而是泪珠。泪珠背后的故事是悲伤的、快乐的，还是冷酷的、温暖的？你是从它的形状展开联想的。

（板书：形状。）

生：我轻轻地滴落，滴进小溪里，一直向前流去，一路上，我结识了许多朋友，一起融入江河、融入大海，争取让生命比现在更有意义。

……

师：好美的意境！同学们通过联想，可以将一幅静态的图画动态化，你们就是大自然的诗人，这离不开同学们的仔细观察。

（板书：认真看。）

师：同学们，一片绿叶可以显示大地的生机，一粒沙子可以宣示沙漠的壮阔，一枚雪花可以映衬冬天的寂静，仅仅从视觉上，同学们透过一滴露珠就能联想到折射太阳的光辉，可以体现生命的意义，可以带领我们感受生活中的喜怒哀乐，如果我在图画上再增加听觉，你们又会有哪些奇异的想象呢？

（出示：电闪雷鸣图，学生回答，教师指导，加深情节的构思。）

师：同学们真了不起，我们的文章呀，运用想象的方法就可以给文章增加情节，生动的情节可以丰富文章的内容。一波三折的情节，可以让人回味无穷。

（板书：用心听。）

……

师：同学们的联想和想象真是"忽如一夜春风来，千树万树梨花开"，"孩子是天生的故事大王"这句话在你们身上又一次得到了印证。从图片中、声音中，你们看到了、听到了丰富多彩的场景，做到了联系生活，大胆想象。

（板书：大胆想。）

……

（三）构思情节，串珠成链

师：从选择的内容上，有的同学喜欢亲情，有的同学喜欢环保，有的同学喜欢科幻等，看了下面这幅图，你又会想到什么呢？

（出示：星空图。）

生：世界这么大，只有一个地球，我们要好好保护它。

师：是呀，善待地球就是善待自己。如果让你来写一个故事，告诉人们保护地球的这个道理，你会怎么构思呢？请你想一想。

师：你的情节构思非常独特，用寓言的方式来讲故事，十分吸引人。

师：看到这幅图，你还想到了什么呢？

生：想到了外太空之战。

师：为什么会爆发外太空之战？

生：也许是人类探索地球以外可以居住的星球时，与外星人之间爆发了战争。

师：你的故事情节非常精彩，带领我们来到了一个广阔的世界。

（教师指导，引导学生构思丰富的情节。）

（四）教师范文，规范指引

师：宇宙是一个硕大无比的、永恒的生命，地球上的每一处沙滩，每一片耕地，每一座山脉，每一条河流，都是圣洁的。同学们能够做到尽情地去编织一个个曲折而动人的故事：那一次对动物的关爱，那一次奇异的游历，那一次雨中漫步，那一次感人的悲凉……让人感觉如闻其声，如临其境。这联想和想象的翅膀真的很神奇！老师也忍不住写了一个故事，跟大家分享一下。

（教师读范文，指引学生构思合理的情节。）

（五）展开想象，妙笔生花

师：同学们，你们大显身手的时刻来了，相信你们会比老师写得更好。只要大家都能像刚才那样"思接千载，视通万里"，浮想联翩，那么我们的作文内容就会丰富多彩。请同学们从给出的三个素材中，选择其中一个，先给它起一个吸引人的题目，然后放飞思维的翅膀，让你的作文妙笔生花。动手吧！

（六）展示作品，互学成长

抽取学生作品展示，并对想象及情节的构思进行点评。

（七）点评总结

有了联想和想象，作文的思路就不会拘泥于眼前的生活，会冲破时空的限制，开拓出广阔无垠的生活天地。有了联想和想象，我们就能把静态的图画动态化，能增加情节，丰富文章内容。一句话：想象就是双脚站在大地上行进，脑袋却在腾云驾雾！

【板书设计】

放飞思维的翅膀
——联想和想象

去向　　比喻

意义　　夸张

形状　　拟人

认真看　用心听　大胆想

《插上科学的翅膀飞》教学案例

袁 园

【教材分析】

《插上科学的翅膀飞》是小学语文六年级下册第五单元的习作主题，教材上有三幅插图。第一幅插图是人脑思想或想象的状貌，大脑可以直接从书上拷贝知识，可以引发学生展开人工智能、新式学习等方面的科学幻想；第二幅插图画的是火星，可以启发学生展开太空生活、星球探索等方面的科学幻想；第三幅插图画的是借用时光机穿越到恐龙时代的情景，可以启迪学生展开时空穿越、物种演化等方面的科学幻想。

教材的文字有五个自然段，既揭示了本单元写作的主题——基于科幻的想象，还归纳了科幻故事写作的一般要求、方法与途径。最后还提出了科幻习作的要求或评价标准——既要奇特又要令人信服。

【教学目标】

1. 通过自我回忆、联想和想象以及学生之间的交流与思维碰撞，进一步激发学生的思维，培养学生的想象能力。

2. 在阅读教材的基础上，进一步了解科幻故事的基本特点，展开想象，写出奇特而令人信服的科幻故事。

3. 能积极和同学交流、分享习作，根据别人的意见修改习作。

【教学重难点】

1. 学生能打开想象，撰写一篇科幻故事。

2. 在阅读教材的基础上，进一步了解科幻故事的特点。

3. 指导学生打开想象的翅膀，激发学生创作科幻小说的兴趣。

【教学准备】

1. 教师准备多媒体课件。

2. 学生收集生活中的科学素材。

【课时安排】

2课时。第1课时写前指导，一天课外时间写作；第2课时同学分享、评价和修改。

【教学过程】

（一）展开联想，激趣导入

师：同学们一定看过很多科幻故事吧？你印象最深刻的科幻故事是什么？

生：……

师：那你们知道这些科幻故事是谁写的或者谁编的吗？

生：……

师：都是著名的作家和导演啊。我今天还要和大家介绍一本科幻小说，那就是——《神秘冒险之旅》（教师用PPT介绍该小说封面），可能有些同学看过，你们知道这30万字的科幻故事是谁写的吗？它的作者和大家一样，也是一位六年级的小学生，而且还是我们广东省的咧（PPT介绍小作者黄逸桐和她的科幻小说）。大家是不是也经常做能上天入地、呼风唤雨，或穿越时空，或点石成金的科技梦，是不是也很想写一个科幻故事呢？今天我们就来学习如何创作科幻故事。

（二）以读促写，凝练特点

1. 自由阅读，个性化思考

师：请同学们自由阅读教材第90页。跟着教材导写的内容给心灵插上飞翔的翅膀，让你的思想尽情地回忆、联想、想象和思考。

2. 师生互动，定向思考

师：刚才很多同学都说有印象最深刻的科幻故事，现在想请同学们和大家分享。哪位同学先来分享？要注意不仅要介绍你最喜欢的、印象最深刻的故事的名字，还要告诉同学们故事里写了哪些现实中并不存在，却看起来令人信服的科学技术，以及这些科学技术对人们的生活和命运产生了什么影响。

设计意图：让学生在交流的过程中逐渐懂得科幻小说的特点，即超现实（现实中不存在）、科学元素、故事性和人文思考（对人类的影响）。

生1：……

生2：……

生3：……

……

师：感谢刚才这几位同学的分享。他们不仅很认真地看了这些科学幻想故事，而且能很生动、很精彩地和大家分享，要是不知道的还以为他们在和大家分享他们自己创作的科幻故事呢。我们回忆前面学过的科幻故事，再结合刚才同学们的分享，对比大家学过和看过的寓言故事、鬼怪故事、童话故事等，大家看看科幻故事有什么特点呢？

生1：……

生2：……

生3：……

……

［板书：科幻小说特点：超现实（现实中不存在）、科学元素、故事性和人文思考（对人类的影响）。］

师：超现实即现实不存在的、人们虚构出来的。例如，教材中有恐龙，恐龙是不是超现实的呢？如《侏罗纪世界》中的恐龙就是人们虚构出来的，是超现实的。但是不是鬼怪和神仙的故事就是科幻故事呢？不是，科幻故事还必须有科学元素。我们三年级就开设了科学课，我们看看有哪些最新的科技。

生1：……

生2：……

生3：……

……

师：科学元素或者科学性，就是科幻故事里描写记叙的科技是现实没有的，但都是在最新的科技上想象出来的。如《流浪地球》就是倾全球之力在地球表面建造上万座发动机和转向发动机，推动地球离开太阳系。这在现实中不可能存在，但发动机是存在的。为了丰富大家的想象，老师列了一张

"纸上科学馆"。

纸上科学馆

科学领域	部分科技、知识举例	具体内容
信息技术	3D打印	打印出实物
	……	……
生物技术	克隆技术	通过细胞繁殖制造本体
	冷冻技术	快速、长时间冷冻物体
	食品工程	满足人们饮食需要的技术
	……	……
空间技术	爱因斯坦相对论	穿越到另一时空
	虫洞	透过它可瞬时转移空间
	黑洞	可吞噬所有光线和物质
	……	……
新材料技术	量子技术	"量子隐形衣"可帮助隐形
	太空镜子	反射太阳光，产生推力
	……	……
新能源技术	核能	瞬间释放巨大能量
海洋技术	海洋遥感	利用光电和声波探测海底
	……	……

（三）游戏激趣，小试牛刀

师：下面我们来做一个游戏，以小组为单位（每个小组4~5人），请同学们畅游纸上科学馆，选取其中一点展开想象，构思一个奇妙的小故事，等会儿要请大家课上交流分享。注意两点：第一，故事不能太长但要完整，可以以思维导图的形式在纸上列出提纲；第二，要想象出现实中不存在的科学技术给我们或人类带来的帮助。

（PPT提示：从宇宙星球的角度，想象人们乘上宇宙飞船移居火星，生活中会发生些什么？外星人凭借高科技的巨型战舰入侵地球，人类会做出怎样的应对？从时间穿越的角度，想象用时光穿越机回到恐龙时代会发生什么？乘坐时间机器，穿越到几万年以后，那时的地球、人类会发生什么样的变化？从超现实神奇功能的角度，想象科学家发明了一种让动物快速生长的化学食品后，会发生什么？拥有一台能读懂人内心想法的电脑，会发生什么？又如，从现代前沿科技的角度，想象人类制造出了一架可以登陆月球的纳米天梯，会有怎样的新遇？人类的克隆技术被智能机器人掌握了，会发生什么？……）

（学生创作。）

师：同学们，分享作品的时刻到了，每个人限2分钟哦，哪位同学先来？

生1：……

生2：……

生3：……

……

师：非常好！在短短的时间内同学们就想出了那么多有趣、奇幻的故事，真的了不起。只是由于时间的关系，有的同学想象的翅膀没能尽情地翱翔，有的同学精彩的故事未能充分地展示，不要紧，老师给你们充分的时间，让大家的想象插上科学的翅膀尽情地飞翔。

（四）经典引导，激趣创作

师：看来大家都跃跃欲试呀！可老师还想给你们介绍一篇被称为世界上最短的科幻小说，你们想了解吗？

（PPT展示：美国近代著名科幻小说家弗里蒂克·布朗写过一篇就目前来说，堪称世界上最短的科幻小说，把它译成汉语只有一句话："地球上最后一个人独自坐在房间里，这时，忽然响起了敲门声……"）

师：你看，这短短的一句话只有 25 个字 3 个标点，却具备了科幻故事所有的元素：人物、环境、奇幻和引人遐想的情节。请同学们发挥自己的奇思妙想，在课外和著名科幻小说家弗里蒂克·布朗一起续写这个故事。下一节课我们一起分享，看谁的故事更科幻、更奇特、更能让人信服！

（PPT展示：写作要求：科幻、奇特、让人信服。）

师：同学们，下课！

【**板书设计**】

科幻小说特点：超现实

　　　　　　科学元素

　　　　　　故事性

　　　　　　人文思考